Jogo e projeto:
pontos e contrapontos

Dados Internacionais de Catalogação na Publicação (CIP)
(Câmara Brasileira do Livro, SP, Brasil)

Macedo, Lino de
  Jogo e projeto : pontos e contrapontos / Lino de Macedo,
Nílson José Machado ; Valéria Amorim Arantes, organizadora. —
São Paulo : Summus, 2006. — (pontos e contrapontos)

Bibliografia.
ISBN 85-323-0735-3

1. Jogos educativos 2. Pedagogia 3. Projeto no ensino
4. Psicologia educacional I. Machado, Nílson José. II.
Arantes, Valéria Amorim. III. Título.

06-0609   CDD-371.3

Índice para catálogo sistemático:
1. Jogo e projeto : Métodos pedagógicos : Educação   371.3

Compre em lugar de fotocopiar.
Cada real que você dá por um livro recompensa seus autores
e os convida a produzir mais sobre o tema;
incentiva seus editores a encomendar, traduzir e publicar
outras obras sobre o assunto; e paga aos livreiros
por estocar e levar até você livros
para a sua informação e o seu entretenimento.
Cada real que você dá pela fotocópia não autorizada
de um livro financia um crime e ajuda a matar
a produção intelectual em todo o mundo.

Jogo e projeto:
pontos e contrapontos

Lino de Macedo
Nílson José Machado

Valéria Amorim Arantes
(org.)

JOGO E PROJETO: PONTOS E CONTRAPONTOS

Copyright © 2006 by Lino de Macedo, Nílson José Machado
e Valéria Amorim Arantes
Direitos desta edição reservados por Summus Editorial

Editora executiva: Soraia Bini Cury
Assistente de produção: Claudia Agnelli
Capa: Ana Lima
Coordenação editorial: Carlos Tranjan (Página Viva)
Preparação de texto: Adriana Cerello
Revisão: Márcio Guimarães e Felice Morabito
Projeto gráfico e diagramação: José Rodolfo de Seixas
Fotolitos: Casa de Tipos

Summus Editorial
Departamento editorial
Rua Itapicuru, 613 – 7º andar
05006-000 – São Paulo – SP
Fone: (11) 3872-3322
Fax: (11) 3872-7476
http://www.summus.com.br
e-mail: summus@summus.com.br

Atendimento ao consumidor
Summus Editorial
Fone: (11) 3865-9890

Vendas por atacado
Fone: (11) 3873-8638
Fax: (11) 3873-7085
e-mail: vendas@summus.com.br

Impresso no Brasil

Sumário

Apresentação – *Valéria Amorim Arantes* **7**

PARTE I – Jogo e projeto **13**
Lino de Macedo
Nílson José Machado

Jogo e projeto: irredutíveis, complementares
e indissociáveis – *Lino de Macedo*
Introdução 15
Jogo e projeto: irredutíveis 18
Definição de jogo 18
Definição de projeto 25
Jogo e projeto: complementares 30
Ser e tornar-se 31
Criança e adulto 31
Realização e compreensão 33
Imanência e transcendência 34
Lúdico ou sério 35
Sujeito ativo ou passivo 37
Jogo e projeto: indissociáveis 39
Considerações finais: quando o jogo é o principal
recurso para a realização de um projeto 41
Referências bibliográficas 45

A vida, o jogo, o projeto – *Nílson José Machado*
Prólogo: a vida é um jogo?............................ 49
Vida, palavra, ação.................................. 52
Ação, consciência, projeto........................... 57
Projeto, ilusão, jogo................................ 60
Projeto/jogo: a ilusão e a razão..................... 66
Projeto/jogo: a consciência e o controle............. 68
Projeto/jogo: as regras e a autoridade............... 72
Epílogo: vida, jogo, projeto......................... 77
Referências bibliográficas........................... 85

PARTE II – Pontuando e contrapondo............ 87
Lino de Macedo
Nílson José Machado

PARTE III – Entre pontos e contrapontos....... 117
Lino de Macedo
Nílson José Machado
Valéria Amorim Arantes

Apresentação

Valéria Amorim Arantes*

A educação, como espaço disciplinar, mas também inter, trans e multidisciplinar, onde as fronteiras entre os distintos campos de conhecimento se entrecruzam e muitas vezes se tornam difusas, solicita cada vez mais dos profissionais que nela atuam a capacidade de dialogar e transitar por caminhos insólitos e desconhecidos. Esse é o desafio atual que muitos pesquisadores e profissionais

---

* É docente da graduação e da pós-graduação da Faculdade de Educação da Universidade de São Paulo e coordenadora do Ciclo Básico da Escola de Artes, Ciências e Humanidades da Universidade de São Paulo.

vêm assumindo na busca por reconfigurar o sentido da educação à luz das transformações em curso na sociedade contemporânea.

O diálogo é o melhor caminho para se transitar por essas fronteiras difusas (e muitas vezes confusas) que, de forma geral, preocupam os educadores e a sociedade. Pelo diálogo é possível buscar o equilíbrio entre interesses particulares e antagônicos que sustentam as disciplinas e os campos específicos de conhecimento. Por meio dele, pode-se aceder a novas formas de organização do pensamento e das práticas educativas cotidianas, a partir do conhecimento produzido pelos pontos e contrapontos trazidos à tona por seus atores e protagonistas, sem, com isso, anular as diferenças e especificidades de cada disciplina.

A coleção que ora lhes apresento – *Pontos e Contrapontos* – insere-se nessa perspectiva e foi pensada para trazer ao âmbito educativo o debate e o diálogo sobre questões candentes do universo educacional. Com isso, espera-se que os livros nela publicados contribuam para a compreensão e, muitas vezes, redefinição das fronteiras estabelecidas entre os campos de conhecimento que sustentam as pesquisas e as práticas de educação.

Tal empreitada exige dos autores convidados desafios de considerável complexidade. O maior deles, talvez, seja o de questionar-se sobre temas e conceitos que, em alguma medida, já os têm como "verdades" ou "crenças" e foram construídos no transcorrer de sua trajetória acadêmica e profissional. Com o diálogo que foi convidado a estabelecer com seus parceiros, cada autor vê-se obrigado a explicitar conceitos, princípios e pressupostos que sustentam sua concepção teórica e epistemológica, a encontrar os pontos de compromisso possíveis entre visões antagônicas que lhe são apresentadas, ao mesmo tempo que necessita pontuar as diferenças que delimitam as fronteiras dos campos de conhecimento em discussão.

Com esse espírito de diálogo, cada livro da coleção *Pontos e Contrapontos* é escrito em três etapas diferentes e complementares, que podem levar até um ano para a sua produção.

Estabelecido o tema do diálogo, de comum acordo entre os dois autores, na primeira etapa cada um deles produz um texto que apresenta e sustenta seu ponto de vista. Esse texto é passado ao parceiro de diálogo, que, após a leitura atenta e crítica das idéias e pressupostos apresentados, formula algumas perguntas para pontuar o texto que lhe foi entregue e se contrapor a ele. Como segunda etapa de produção do livro, cada autor responde às perguntas feitas pelo interlocutor, explicitando e esclarecendo suas idéias. De posse de todo esse material, a coordenadora da coleção elabora algumas questões que são comuns para os dois autores sobre o tema em debate, procurando trazer à tona pontos não abordados até o momento ou contrapondo temáticas que suscitam divergências entre os mesmos. A terceira etapa de escrita do livro consiste na resposta às perguntas feitas pela coordenadora da obra, mediadora do diálogo.

Jogo e projeto: pontos e contrapontos, o primeiro livro da coleção, cumpre o objetivo a que nos propusemos ao criá-la. Os autores Lino de Macedo, professor titular do Instituto de Psicologia da Universidade de São Paulo, e Nílson José Machado, professor titular da Faculdade de Educação da Universidade de São Paulo, com toda a competência acadêmica que os caracteriza, desenvolvem, de forma crítica, sistemática, metódica e objetiva, idéias sobre as complexas relações entre *jogo* e *projeto*. No diálogo que estabelecem, pautado no rigor científico e em uma forte fundamentação teórica, cruzam perspectivas divergentes e convergentes, integram novos elementos e significados à discussão proposta e ampliam os horizontes sobre a temática.

O texto de autoria de Lino de Macedo que compõe a primeira parte do livro discorre sobre a interdependência nas relações entre jogo e projeto. No próprio título de seu texto, Lino sinaliza a irredutibilidade, complementaridade e indissociabilidade entre jogo e projeto, discutindo tal perspectiva no âmbito educacional e clínico da psicologia, ao mesmo tempo que traz uma análise apoiada em experiências de jogos que são utilizados como recurso básico na realização de projetos de formação de educadores e psicólogos.

Nílson José Machado, também na primeira parte do livro, analisa as complexas relações entre vida, jogo e projeto, transitando por vários conceitos – ação, ilusão, razão, consciência, autoridade, etc. – e admitindo que, no curso da vida humana, jogar e projetar afloram mutuamente.

Na segunda parte do livro – Pontuando e contrapondo –, os autores formulam perguntas instigantes aos seus interlocutores: enquanto Nílson sugere a Lino que "reveja" as "linhas divisórias" por ele estabelecidas para explicar as dimensões irredutíveis, complementares e indissociáveis do par jogo/projeto, Lino questiona a indissociabilidade entre a vida, o jogo e o projeto proposta por Nílson. Lino engrossa o "caldo" da discussão remetendo-se àqueles que *não jogam* ou *cujo viver é um contínuo não projetar* e opina que viver, projetar e jogar seria uma síntese que contemplaria apenas os vencedores e os sábios. Enquanto Nílson questiona a idéia proposta inicialmente por Lino, *de que jogo é coisa de criança e projeto é coisa de adulto*, Lino, por sua vez, convida Nílson a pensar sobre o paralelismo entre jogo e vida a partir de um poema de Fernando Pessoa no qual o poeta apresenta uma crítica a um determinado projeto de sociedade.

Na terceira e última parte do livro — Entre pontos e contrapontos —, retomo alguns aspectos já tratados pelos autores trazendo-os para o cotidiano escolar. Para tanto, proponho discutirem desde a idéia dos jogos como recursos para o desenvolvimento de projetos pedagógicos até os princípios e valores que devem nortear a formação dos estudantes.

A força ou fragilidade das idéias contidas nesta obra depende, entre outros fatores, da disponibilidade do leitor e da leitora para ressignificarem suas próprias idéias a partir de novos elementos e significados. Os autores Lino de Macedo e Nílson José Machado se dispuseram a tal desafio e nos brindaram com um conjunto de idéias em torno das quais descobrimos novas formas de entender as complexas relações entre jogo e projeto.

Enfim, começa o jogo, o projeto, a construção de novas fronteiras entre distintos campos de conhecimento.

PARTE I
Jogo e projeto

Lino de Macedo
Nílson José Machado

Jogo e projeto: irredutíveis, complementares e indissociáveis

Lino de Macedo

Introdução

Procurei — e não encontrei — na Biblioteca Virtual de Psicologia (BVS-Psi, www.bvs-psi.org.br) e no Catálogo On-line Global do Banco de Dados Bibliográficos da USP (Dedalus, http://dedalus.usp.br) referências sobre a relação entre jogo e projeto. Busquei, igualmente, em *Antropologia do projeto*, de Boutinet, alguma análise sobre essa relação, encontrando apenas uma, quando cita Bernardin de Saint-Pierre, em "Paulo e Virgínia": "Os projetos de prazeres, de repouso, de delícias, de abundância, de glória, não são feitos para o homem frágil, viajante e passageiro" (Boutinet, p. 34).

Se fizéssemos uma análise de trabalhos (ou mesmo de seus resumos) versando sobre projetos – de formação, de orientação etc. – que têm os jogos como principal recurso metodológico, encontraríamos muitas referências. Por que nesses trabalhos não se colocam nos títulos ou nas palavras-chave os termos *projeto* e *jogo*? Sabemos, por exemplo, quanto na clínica psicológica ou psicopedagógica e na arte terapia se usam jogos nos projetos de orientação. Sabemos também quanto em muitos projetos pedagógicos ou didáticos, isto é, de formação ou orientação de alunos e professores[1], se usam jogos como importante recurso metodológico. Sabemos que hoje, dentre todos, os jogos de computador são os programas mais vendidos e que são desenvolvidos, enquanto projeto tecnológico, de forma cada vez mais sofisticada. Sabemos da questão filosófica – jogos (imanência) *versus* religião (transcendência), ou, então, lúdico e infantil *versus* sério e adulto – onipresente nas discussões sobre projetos de sociedade.

Pelo que lembramos acima, a ausência de bibliografia contendo nos títulos ou palavras-chave os termos *jogo* e *projeto* não implica necessariamente que eles não tenham nenhuma relação entre si. Minha hipótese é que esta ligação é tratada de modo independente ou subordinada, mas nunca interdependente. Independente, pois jogos e projetos referem-se, neste caso, a atividades separadas uma da outra, sendo que o que as une é apenas tácito, implícito e não considerado como problema. Jogos sempre foram atividades presentes nos seres humanos; projetos, ao

---

1. Neste texto adotaremos a caracterização dos diversos tipos de projeto propostos por Boutinet (1999/2002) no capítulo "O projeto hoje: uma necessidade em face das situações de vida cotidiana", de *Antropologia do projeto*.

contrário, como propõe Boutinet, são um problema recente na história da humanidade e se tornaram necessários apenas depois do século XV ou XVI, com o advento da sociedade tecnológica e com a importância dos projetos arquitetônicos. Em outras palavras, em uma sociedade tradicional realizam-se jogos de todos os tipos, mas nunca projetos (se excluirmos aqueles que estão comprometidos com a própria tradição, ou seja, com a conservação ou repetição no presente dos valores do passado). Como já lembramos, hoje é comum usarmos jogos como importante recurso metodológico (em sala de aula, na clínica ou em outros contextos de formação ou orientação). Mas, nestes casos, é como se os meios (os jogos) devessem se subordinar aos fins propostos (os projetos que justificam seus usos). É tempo, então, de ao menos esboçar uma análise das interdependências entre jogo e projeto, principalmente quando se referem a um contexto profissional. Neste texto adotaremos os significados de interdependência que supomos ter aprendido em Piaget, ou seja, como uma forma dialética ou relacional de considerar a relação entre sujeito e objeto como, ao mesmo tempo, irredutível, complementar e indissociável. Quem sabe, assim, possamos vislumbrar um outro modo de pensar uma relação em que meios e fins são coordenáveis entre si.

Assim, o objetivo deste capítulo é analisar a relação de interdependência entre jogo e projeto, sobretudo quando considerada em perspectiva profissional nos contextos educacionais ou clínicos. Para isso, em nossas análises, ainda que de um modo superficial, nos apoiaremos em duas experiências fundamentais: a de orientador em cursos de mestrado e doutorado e a de coordenador do Laboratório de Psicopedagogia (LaPp), ambas no Instituto de Psicologia da Universidade de São Paulo, onde jogos são utilizados como recurso básico na realização de projetos de orientação e formação.

Jogo e projeto: irredutíveis

Em uma análise dialética como a proposta por Piaget (1980/1996), a dimensão irredutível dos termos relacionados entre si implica uma caracterização de suas especificidades, isto é, dos aspectos que lhe dão identidade ou significação própria. Estes aspectos são invariantes, ainda que submetidos ao jogo das transformações, porque podem passar ao longo de suas interações. Proponho por isso que façamos um breve percurso por algumas definições de jogo e de projeto.

Definição de jogo

Caillois, seguindo Huizinga, define jogo como uma atividade que apresenta seis características: livre, delimitada, incerta, improdutiva, regulamentada e fictícia. Livre, porque ninguém é obrigado a jogar; daí sua natureza lúdica, divertida, alegre e que se sustenta pelo simples prazer funcional. Delimitada, porque esta atividade requer definições combinadas de tempo e espaço. Incerta, porque não se sabe de antemão qual será seu resultado e também porque ela sempre pode proporcionar oportunidades de invenção ou criação. Improdutiva, "porque não gera nem bens, nem riqueza, nem elementos novos de espécie alguma" (p. 29) e também porque uma partida fecha um ciclo em si mesma, já que a próxima será igual à anterior quanto às suas possibilidades de desfecho ou de desenvolvimento. Regulamentada, porque sujeita a regras próprias, isto é, independentes das "leis normais". Fictícia, porque opera em um contexto de simulação e de "franca irrealidade em relação à vida normal" (p. 30).

Comte-Sponville (2001/2003), em seu *Dicionário filosófico*, assim caracteriza jogo e brincadeira (p. 329):

> Uma atividade sem outra finalidade a não ser ela mesma ou o prazer, sem outro impedimento senão suas próprias regras, enfim sem efeito irreversível (o que uma partida faz, outra pode ignorar ou refazer). É por isso que a vida, mesmo visando a si mesma ou ao prazer, não é um jogo: porque, na vida, os impedimentos são numerosos, e são os do real, porque não se pode escolher nem as regras nem o jogo, porque nela vivemos e morremos de verdade, sem nunca podermos recomeçar nem jogar (brincar) de outra coisa. A vida, porém, é melhor que todos os jogos.

Lalande, em seu clássico *Dicionário de filosofia*, apresenta duas formulações sobre o jogo (p. 599):

> A. Dispêndio de atividade física ou mental que não tem um objetivo imediatamente útil, nem sequer definido, e cuja razão de ser, para a consciência daquele que a ele se entrega, é o próprio prazer que aí encontra.
> B. Organização desta atividade sob um sistema de regras que definem um sucesso ou um fracasso, um ganho ou uma perda.

No *Dicionário de jogos*, Alleau & Matignon (s. d./1973) afirmam que na *Enciclopédia* francesa, de 1729, o jogo é definido como uma "espécie de convenção, em que a aptidão, o puro acaso, ou o acaso misturado com a aptidão, conforme a diversidade dos jogos, determinam a perda ou o ganho, estipulados nessa convenção, entre duas ou mais pessoas" (p. 274). Distinguem, além disso, dois tipos de jogo: os de azar e os de destreza. No primeiro, os acontecimentos não dependem das qualidades do jogador. No segundo, "o acontecimento feliz é resultante da inteligência, da experiência, do exercício, da penetração, em resumo, de algumas qualidades adquiridas ou naturais, do corpo ou do espírito da pessoa que joga" (*ibidem*). Lembram, contudo, a advertência dos enciclopedistas: "Por vezes, de um jogo de destreza, a ignorância de dois jogadores faz um jogo de sorte; e por vezes, também, de um jogo de sorte, a sutileza de um dos jogadores faz um jogo de destreza" (*ibidem*).

Vamos concluir essas considerações sobre o que é jogo mencionando a posição de Piaget sobre sua evolução na criança. Ele propõe grandes categorias de organização lúdicas sucessivamente elaboradas, mantendo-se o que define a anterior como uma parte fundamental da seguinte. A novidade da proposta de Piaget é valorizar algumas das características dos jogos mencionadas nas definições apresentadas, ordenando-as em uma perspectiva estruturalista e genética. Estruturalista, porque, diferente do modo usual de classificação dos jogos (por seus conteúdos, materiais, objetivos etc., ou por sua diversidade cultural), Piaget propõe quatro formas de organização dos jogos e os aspectos importantes de cada uma delas. Genética, porque o que estrutura as categorias expressa estágios de desenvolvimento do jogo nas crianças, culminando com o modo pelo qual ele será predominante nos adultos (lúdico, simbólico, regrado e construtivo), ao menos para aqueles que, quando crianças, não foram prejudicados por doença ou por falta de oportunidades para exercícios lúdicos.

Piaget propõe que o exercício, o símbolo e a regra são os aspectos constituintes das diferentes categorias de jogos, que vamos agora analisar. O exercício funcional é o que estrutura a primeira grande classe de jogos. Por intermédio dele, em seus dois primeiros anos de vida, a criança pode repetir os esquemas de ação em constituição (levantar, pegar, olhar, bater, montar e desmontar, esconder e descobrir etc.) pelo próprio prazer funcional, isto é, sem outra finalidade que aquela proporcionada pelo prazer de poder sempre fazer de novo. Ou seja, uma coisa é a criança usar um esquema de ação como meio ou instrumento para um outro fim (como ocorre, por exemplo, quando suga o seio ou a mamadeira para se alimentar); outra coisa é utilizar o mesmo esquema sem outra função que a sua própria repetição (sugar pelo prazer de sugar). Com isso, podemos lembrar a característica geral constitutiva de todas as formas de jogos:

> Se o ato de inteligência culmina num equilíbrio entre a assimilação e a acomodação, enquanto que a imitação prolonga a última por si mesma, poder-se-á dizer, inversamente, que o jogo é essencialmente assimilação, ou assimilação predominando sobre a acomodação (Piaget, 1945/1990, p. 117).

Segundo Piaget, uma das conseqüências importantes dos jogos de exercício é possibilitar o melhoramento dos esquemas de ação, mesmo que isso não corresponda a uma intenção do sujeito que os realiza. Estas características dos jogos de exercício (o prazer funcional e o aperfeiçoamento dos esquemas utilizados como conseqüência das repetições) são primordiais e serão mantidas como uma das condições ou partes constituintes das próximas categorias. Lembro o prazer que um adulto pode sentir, por exemplo, com a possibilidade de olhar as horas repetidas vezes sem outro interesse que o de curtir o relógio novo. Lembro a alegria de um praticante de palavras cruzadas que passava seu tempo dedicado a elas e mal terminava uma começava outra, esquecido das agruras da vida e indiferente ao quanto esse exercício podia lhe fazer bem, apenas "entregue ao gozo de jogar um bom jogo", como queria Fernando Pessoa.

A novidade da proposta estrutural e genética de Piaget, insisto, é fixar uma ordem para a constituição do jogo na criança. No mais, o prazer funcional proporcionado pelos jogos de exercício repete o que já sabíamos: o jogo como atividade lúdica, livre e improdutiva (Caillois e Huizinga); o jogo sem finalidade, sustentado pelo prazer da repetição (Comte-Sponville); o jogo sem objetivo imediatamente útil e definido, justificado pelo próprio prazer que proporciona (Lalande); o jogo como destreza ou sorte e o quanto estas formas estão imbricadas umas nas outras (enciclopedistas).

O símbolo é o que estrutura a segunda grande categoria de jogos. Os jogos simbólicos caracterizam-se pelas brincadeiras de faz-de-conta, pelas histórias ou desenhos infantis e por todas as simulações ou fingimentos (lutas, brincadeiras de casinha etc.) em que o real, enquanto conteúdo, subordina-se à dimensão imaginária ou simbólica de seus construtores. Graças a isso (como também a outros recursos como imitação, desenho, linguagem etc.), mesmo que não intencionalmente, a criança aprende a tratar A como B, ou seja, descobre ou inventa por reconstrução convergente a função simbólica, essencial para a possibilidade do pensamento. Ao mesmo tempo, os jogos simbólicos repetem, neste no-

JOGO E PROJETO: PONTOS E CONTRAPONTOS

vo patamar do processo de desenvolvimento, o que a criança já experimentara com os jogos de exercício:

> O jogo da imaginação constitui uma transposição simbólica que sujeita as coisas à atividade do indivíduo, sem regras nem limitações. Logo, é assimilação quase pura, quer dizer, pensamento orientado pela preocupação dominante da satisfação individual. Simples expansão de tendências, assimila livremente todas as coisas a todas as coisas e todas as coisas ao eu (Piaget, 1945/1990).

A proposta estruturalista-genética de Piaget para definir a categoria dos jogos simbólicos aprofunda, mas não contraria, o que já tínhamos observado nas definições anteriores: o jogo como atividade incerta, porque aberta a invenções ou criações, improdutiva e sobretudo fictícia (Caillois e Huizinga); o jogo como algo que se expressa sem outro impedimento que o de suas próprias regras e sem efeito irreversível (Comte-Sponville); o jogo como "dispêndio de atividade física ou mental, cuja razão de ser, para a consciência daquele que a ele se entrega, é o próprio prazer que aí encontra" (Lalande).

A regra é o que estrutura a terceira grande categoria de jogos para Piaget:

> Com a socialização da criança, o jogo adota regras ou adapta cada vez mais a imaginação simbólica aos dados da realidade, sob a forma de construções ainda espontâneas mas imitando o real; sob essas duas formas, o símbolo de assimilação individual cede assim o passo quer à regra coletiva, quer ao símbolo representativo ou objetivo, quer aos dois reunidos (1945/1990, p. 118).

Em *O juízo moral na criança*, Piaget recorreu aos jogos para observar a prática e a consciência das regras de um jogo de bolinhas de gude em meninos ou de um jogo de pique em meninas. Interessava-lhe, por esse intermédio, contrapor o sentido das regras em uma relação entre iguais, como ocorre nos jogos, ao daquele que é próprio das relações assimétricas entre adultos e crianças. Recorrendo aos jogos e ao sentido das regras (como são inventadas ou construídas, se podem ser mudadas e as condições para isso etc.), Piaget analisou aquilo que as crianças construíam entre si, em uma moral de autonomia em que cooperação e respeito mútuo são fundamentais.

Por último, em sua proposição sobre as grandes categorias de jogos na criança, segundo sua perspectiva genética e na característica essencial que estrutura cada uma delas, Piaget acrescenta uma quarta categoria, chamada de "jogos de construção", que, na verdade, se situa entre os jogos simbólicos e os jogos de regras. Os jogos de construção caracterizam-se por uma atividade lúdica e simbólica em que o desafio aceito ou auto-imposto pelo jogador é realizar, por exemplo, uma montagem ou arranjo de peças segundo certa referência, modelo ou intenção. A regra neste caso, isto é, o que regula a ação do sujeito, é construir algo na direção do que foi planejado ou querido, é fazer progressos intencionais na direção daquilo que pretende alcançar. Por extensão, pode-se pensar na proposição das jogadas ou arranjos sucessivos em favor de um objetivo: ganhar, transportar uma torre de uma coluna para outra segundo certas regras, desfazer uma estratégia ou situação favorável do adversário, dispor peças segundo certa ordem ou relação etc. São desafios construtivos em que o objetivo é fazer que algo se torne de certo modo, ao preço de coordenar perspectivas, realizar percursos intencionais em certa direção e sob certas restrições, bem como atribuir e rever as significações ou os valores das escolhas efetuadas.

Definição de projeto

Ao contrário da seção anterior, em que apresentamos definições de jogo segundo diferentes autores, para caracterizar projeto nos concentraremos em Boutinet, mais especificamente em alguns aspectos dos três primeiros capítulos de seu valioso livro *Antropologia do projeto*.

Boutinet afirma que "o termo *projeto* é de invenção relativamente recente" (p. 33), mas suficientemente poderosa para caracterizar nossa cultura atual como a do projeto. Recorrendo aos significados de projeto em diferentes línguas, esse autor apresenta os termos sinônimos ou indicativos de suas características essenciais: propósito ou intenção, plano (enquanto atividade de elaboração ou de realização), desígnio, finalidade, objetivo, alvo, planejamento, programa.

Parece que o termo projeto surge, de maneira regular, no decorrer do século xv sob as formas de *pourject* e *project*. Tem conotações de ordenação espacial e um vínculo com a etimologia latina do verbo *projicio* (lançar para a frente, expulsar). No francês dos séculos xiv e xv, *pourject* ou *project* designam elementos arquitetônicos lançados para a frente: principalmente balcões sobre uma fachada ou pilares diante de uma casa. Revestem, então, uma significação espacial de "lançamento para a frente" (Boutinet, 1999/2002, p. 34).

Boutinet informa que "a noção de projeto era estranha ao pensamento medieval marcado, como a mentalidade da maioria das sociedades tradicionais, pelo tempo agrário" (*ibidem*). Este seria um tempo repetitivo, no qual o presente é expressão de um passado que sempre retorna. A idéia de projeto, ao contrário, tem como ponto central a perspectiva de futuro, isto é, o que regula a atividade do presente em função daquilo que se almeja alcançar. Daí a natureza antecipatória e simbólica do projeto, expressa, por exemplo, no projeto arquitetônico:

> Evocar o projeto arquitetônico é tomar como referência uma atividade profissional que há muito utiliza o projeto, de um ponto de vista operatório, para conceber no espaço um prédio a ser construído. É verdade que, ao longo de toda sua história, a arquitetura recorreu aos esboços, aos esquemas, mais raramente às maquetes, para concretizar e materializar uma intuição antes de realizá-la em tamanho natural. A idéia diretora do canteiro era geralmente estabelecida pelo desenho (p. 35).

O projeto arquitetônico é equivalente ao projeto de construção, em que exercício e vontade devem ser conciliados em favor daquilo que se deseja que algo se torne ou se constitua. "A vontade fornece o poder motor que permite ao homem realizar o que deseja; a razão lhe permite conhecer exatamente o que deseja conseguir, assim como o que deve evitar" (p. 36).

Consideremos agora, com um pouco mais de detalhe, um aspecto fundamental ao espírito do projeto, que é o de sua direção em relação a um futuro que, para ser realizado, compromete em seu nome o presente, como escolha ou renúncia e, portanto, como dedicação. Para isso, antes de voltarmos à nossa principal referência, escutemos o que dizem Lalande e Comte-Sponville a esse respeito:

Projeto. Um desejo presente voltado para o futuro, na medida em que depende de nós. Ainda não é uma vontade (querer é fazer), ou melhor, é apenas a vontade (atual) de querer (mais tarde). Ver num projeto a fonte de uma liberdade absoluta, como faz Sartre, é esquecer que um projeto, na medida em que é atual, é tão real – logo é tão necessário – quanto o resto (Comte-Sponville, 2001/2003, p. 488).

Projeto. É usado num sentido muito amplo, sobretudo nos escritores existencialistas, para designar tudo aquilo pelo qual o indivíduo tende a modificar-se e a modificar o que o rodeia numa certa direção (Lalande, 1926/1993, p. 872).

Boutinet, no capítulo "O projeto e os modos de antecipação", analisa os diferentes temas que expressam condutas antecipatórias de projeto: tempo, formas de antecipação e progresso tecnológico. Resenhemos rapidamente alguns conteúdos tratados em cada um destes tópicos. Quanto ao tempo, Boutinet analisa a problemática de um tempo bipartido, em sucessão e em mudança, e de um tempo tripartido, em presente, passado e futuro: o presente como tempo de escolha e renúncia (isto é, de ausência); o passado como tempo de memória, cuidado e coisas que valem a pena ser aprendidas; e o futuro como tempo de antecipação e imprevisão. Quanto às formas de antecipação, ele afirma que "antecipar é, em última análise, dar provas de inteligência em relação à situação presente, ou seja, adotar uma atividade de desvio que permita melhor reaprender as situações com as quais nos defrontamos, evitar que essas se imponham a nós de modo coercitivo" (p. 70). As formas de antecipação expressam-se como antecipações adaptativas (previdência e previsão), antecipações cognitivas (adivinhação, profecia e prospectiva), antecipações imaginárias (utopia e ficção) e antecipações operatórias (alvo, objetivo e plano/ desejo, aspiração). Quanto ao progresso tecnológico, Boutinet analisa o problema da ferramenta, da técnica e da tecnologia, a questão do progresso e a da previsão inerente ao projeto. Lembra que "o conceito de progresso é um conceito tabu, à medida que sua utilização dá facilmente lugar a tomadas de posição exclusivas, seja de entusiasmo, seja de suspeita" (p. 80). Mas reconhece que "não há progresso sem projeto" (p. 82).

Para concluir, façamos um breve passeio pelo capítulo "O projeto hoje: uma necessidade em face das situações de vida cotidiana", do livro de Boutinet. Neste, ele apresenta um inventário, penso que completo, dos diferentes tipos de projeto. Segundo ele, "esse inventário deve permitir a apreensão empírica da maneira como nossa sociedade e os indivíduos que a compõem utilizam o projeto para ordenar suas adaptações cotidianas" (p. 87). Em primeiro lugar, Boutinet analisa "as fases da vida vistas como situações existenciais de projeto": 1. projeto adolescente de orientação e inserção; 2. projeto vocacional do adulto; 3. projeto de aposentadoria entre retirada e reprocessamento. Em segundo lugar, apresenta as diferentes atividades de projeto: projeto de formação, projeto de atendimento, projeto de ordenamento espacial, projeto de desenvolvimento e projeto de pesquisa. Quanto aos objetos de presente, analisa o projeto de lei, o projeto de construção e o projeto de um dispositivo técnico. Quanto às organizações de projeto, especifica o projeto de referência, o projeto experimental e participativo e o projeto político. No final do capítulo faz a análise da sociedade atual como sociedade do projeto: "O desenvolvimento da civilização tecnológica ligado ao mito do progresso suscitou muitas interrogações sobre o sentido desse desenvolvimento" (p. 112). Falar de projeto de sociedade é rejeitar deliberadamente uma concepção tradicional da sociedade (p. 113). A sociedade pode definir-se por sua inovação, em suma, pode levar-nos a margens até desconhecidas (*ibidem*). Neste item ele menciona três tipos de projeto de sociedade: o projeto revolucionário (luta de classes como instrumento de análise); o projeto autogestionário (interrogação axiológica que determinada cultura faz sobre si mesma, sobre o que constrói e como constrói); e o projeto alternativo (experimentação de novas práticas em relação às existentes). Com isso ele pretende, creio que de forma bem-sucedida, justificar a sociedade atual como cultura de projeto.

É tempo de concluir. Faço isso, lembrando que na análise que estamos praticando é fundamental verificar a irredutibilidade dos termos relacionados. Defini-los, creio, é um modo de expressar as características peculiares de cada um e, quem sabe, evitar a possibilidade de que sejam confundidos ou indiferenciados. Mas uma coisa, como ocorre em outras formas de dialética, é analisar a irredutibilidade de dois termos para demonstrar ou denunciar seus aspectos contraditórios; outra é analisar as diferenças contrárias constitutivas de cada termo, mas, ao mesmo tempo, assinalar suas afinidades e, portanto, as probabilidades de que possam se completar como pares dialéticos. A esse respeito vimos, por exemplo em Piaget, quanto sua caracterização dos jogos de regras e de construção converge, sem abandonar seu compromisso com o lúdico e o simbólico, com algumas idéias de projeto analisadas por Boutinet (social, regras, direção, progresso, antecipação, construção, referência etc.). Quanto a esse, igualmente, vimos quanto o espírito de projeto pode ter afinidade com o espírito de jogo.

Jogo e projeto: complementares

Na dialética de Piaget, os opostos ou contrários complementam-se ou completam-se (isto é, cooperam) em favor do que se quer construir. Em outras dialéticas, como se verifica em Castorina & Baquero (2005), a questão é analisar, no jogo dos contraditórios, o que é excisório em um sistema. Nessa segunda forma de relação, a análise expressa-se por sucessivas tomadas de consciência das contradições e pela luta em favor de suas superações. Suponho que o comum a ambas, ou seja, indissociável a uma e a outra, é a idéia de que solidariedade, justiça, igualdade e conhecimento – em um nível mais profundo e amplo – são possíveis e desejáveis como projeto de sociedade ou sabedoria.

Voltando à visão de dialética como complementaridade ou cooperação entre coisas irredutíveis, mas que querem ou podem operar como partes de um sistema, o desafio é demonstrar que, apesar de suas singularidades, elas podem se constituir em um todo maior, no qual se diferenciam e integram como partes dele, agora indissociáveis. É o que pretendemos analisar a seguir: propor alguns pares dialéticos entre jogo e projeto, de tal forma que, ao menos em uma perspectiva profissional, eles possam ser considerados como complementares.

Ser e tornar-se

Ser e tornar-se marcam, no espaço e no tempo de suas realizações, a dialética entre duração e sucessão de todas as coisas. Se algo "é", é porque se tornou. Para algo "tornar-se", há de deixar de ser, no todo ou em parte. *Ser* e *tornar-se* expressam, pois, a eterna relação entre permanência e impermanência, conservação e transformação, todo e parte de um novo todo.

No contexto do jogo e do projeto, o par ser/tornar-se está presente, ainda que de modo complementar, pois invertido. O jogo expressa um ser: bom jogador, vencedor, capaz de concentrar-se, tolerar frustrações, com a condição de ter se tornado como experiência acumulada ou ao longo de uma partida (daí o desafio de sempre jogar bem, dado o risco de perder, mesmo sendo um "campeão"). O projeto expressa o querer tornar-se aquilo que constitui seu objetivo ou meta, com a condição de ser ou estar no presente comprometido com este futuro almejado.

Criança e adulto

Penso que uma das contribuições mais importantes da obra de Piaget foi ter buscado demonstrar a continuidade funcional entre as visões da criança e do adulto. O adulto, neste caso, expressa uma de nossas referências em relação ao conhecimento, pois representa o pensamento científico mais bem elaborado até um determinado momento histórico e crítico na constituição e explicação de um aspecto do real. A criança, aqui, expressa nossa condição inicial e eterna de ignorantes em relação às coisas que nos são fundamentais.

Criança e adulto constituem um par dialético ao se complementarem, ainda que de maneira provisória: um, a criança, como "pergunta", e outro, o adulto, como "resposta". O mesmo pode-se atribuir, penso, para a relação entre jogo e projeto. Os jogos são sistemas de perguntas ou desafios que nos propomos, pelo simples gosto de fazê-los. As regras e contratos, no caso desta modalidade de jogos, apenas tornam os desafios e as perguntas mais complexas e socialmente iguais para todos. As respostas em um jogo são sempre surpreendentes (para platéia e jogadores) e tornam cada partida única, não repetível.

Os projetos, ainda que – como tudo – mobilizados por uma pergunta ou querença, são sistemas de respostas que criamos, supondo que isso seja bom para conferir uma melhor existência para alguma coisa. A realização de um projeto, neste caso, é a apresentação de uma das respostas possíveis para a solução de um problema. O projeto, por isso, é a aposta ou a entrega a uma forma de vida, que pretendemos a melhor que nos foi possível fazer em um dado momento. Daí a importância que damos para a aprovação de nossos projetos, pelos outros e por nós mesmos.

Em resumo, no jogo a criança curiosa, lúdica e interessada que habita em todos nós faz perguntas insistentemente e vive a surpresa de suas respostas, no nível em que podem ser formuladas. No projeto, um adulto planeja a realização de algo, submetendo seu presente ao futuro do que ele quer se tornar ou produzir. Brincando com as palavras, jogo pode ser entendido como um projeto de "criança" e projeto, um jogo de "adulto".

A convivência com crianças (e com adultos em seus momentos de "criança") nos ensina sobre seu gosto por jogos ou brincadeiras. Parece que tais atividades encerram suas principais escolhas. Estudar, comer, tomar banho, dormir e tantas outras atividades de seu cotidiano são imposições adultas ou exigências fisiológicas ou corporais. Mesmo nelas, as crianças introduzem, sempre que podem, um ingrediente lúdico ou de faz-de-conta. Huizinga chega mesmo a defender a tese de um *homo ludens*, isto é, de que é o jogo que instaura a cultura, pois é por meio dele, sobretudo nas crianças, que as práticas culturais ganham sentido. De modo natural ou espontâneo, jogar e brincar são "projetos" de crianças: naturais, porque elas não precisam ser forçadas a tais atividades; espontâneos, porque eles são cultivados, ao menos no contexto sociocultural, pelas próprias crianças, sem a interferência dos adultos. É certo que estes, cada vez mais, por interesses de mercado ou de educação, criam pseudonecessidades, promovem ou dificultam a relação com certos jogos ou brincadeiras.

Ao contrário dos jogos e brincadeiras, o projeto, em seu sentido próprio, não é um assunto de crianças, mas de adultos. Elas, creio, não têm projetos da forma como os concebemos. Sua participação neles, na escola ou em casa, depende, por isso, de uma intervenção direta e organizada dos adultos. É certo que alguns projetos podem encantar as crianças, quando propostos de modo adequado e condizente com seu nível de desenvolvimento e recursos de aprendizagem.

Realização e compreensão

Realizar e compreender, segundo Piaget, são nossas formas fundamentais de conhecimento.

> Realizar é compreender em ação uma dada situação em grau suficiente para atingir os fins propostos. Compreender é conseguir dominar, em pensamento, as mesmas situações até poder resolver os problemas por ela levantados, em relação ao porquê e ao co-

mo das ligações constatadas e, por outro lado, utilizadas na ação (Piaget, 1974/1978, p. 176).

Se realizar é compreender em ação, então o jogo é um bom promotor de realizações, pois nele tudo se resume às respostas e às conseqüências de cada jogada. Não se pode, ou não se deve, jogar pelo outro. É ele quem realiza as jogadas: ele é seu único responsável ou protagonista (seja como pessoa ou equipe). Daí o desafio, no jogo, de fazer antecipações (considerar os efeitos da jogada atual no futuro de uma partida) e, com isso, se possível, pré-corrigir erros.

Se compreender é realizar em pensamento, então o projeto é um bom promotor de compreensões, pois o essencial dele – como formulação – está no jogo de suas simulações, ou seja, das antecipações daquilo que pede uma materialização. Por isso, um projeto, no plano de sua compreensão, expressa-se por sua formulação verbal (escrita ou oral), por planos de trabalho, croquis, maquetes etc.

Imanência e transcendência

Uma das características mais importantes do jogo é sua natureza autotélica, dirigida para si mesma, pelos interesses que suscita. Ou seja, não necessita de outras justificativas além daquelas que emanam de si mesmo, do próprio prazer ou do desafio de jogar. Daí o cuidado que devemos ter com os jogos ditos pedagógicos ou que são usados por um motivo profissional. Tais jogos podem funcionar como um antijogo, ou seja, como algo que descaracteriza e justifica-se por outros motivos além do jogo em si mesmo. Assim, para quem joga é importante que o jogo seja assimilado por suas características e, se isso ocorrer em um contexto profissional, é bom que – no momento do jogo – se "esqueça" disso. No jogo prevalece a assimilação.

Já os projetos são sempre justificados para além deles mesmos. São parte de um sistema maior, têm uma natureza mediada. Nos projetos, o desafio maior é coordenar perspectivas, acomodar-se aos diferentes aspectos que neles estão em jogo: prevalece a acomodação.

A natureza complementar – assimilação no jogo e acomodação no projeto – dos termos que estamos analisando favorece seu uso em contextos de intervenção psicológica ou pedagógica. Se nosso projeto é ensinar e se os jogos requerem aprendizagem (pois, ao contrário, não se ganha no jogo), então pode ser bom – e essa é nossa hipótese – tratar um em função do outro.

Lúdico ou sério
A atividade lúdica é aquela que se executa no jogo. Lúdico relaciona-se tanto com jogo como com brinquedo; refere-se a qualquer objeto ou atividade que vise mais ao divertimento que a qualquer outro propósito; por fim, é o que se faz por gosto, sem outro objetivo que o próprio prazer de fazê-lo.

Por mais que hoje esteja esquecido ou descaracterizado, *escola*, em sua versão grega, significava "lugar de descanso, repouso, lazer, tempo livre, hora de estudo, ocupação de um homem com ócio, livre do trabalho servil". Em sua versão latina, *escola* também significava "divertimento" ou "recreio".

Lembramos essas características comuns ao lúdico e ao escolar para justificar nossa hipótese de que uma educação básica, isto é, que se pratica na escola fundamental, deve comprometer o lúdico nas atividades escolares. Em Macedo, Petty & Passos (2005), desenvolvemos essa proposta realçando os seguintes indicadores de um compromisso com o lúdico no contexto educacional: 1. valorizarem o prazer funcional; 2. serem desafiadores; 3. criarem possibilidades ou disporem delas; 4. possuírem dimensão simbólica; e 5. expressarem-se de modo construtivo ou relacional.

Penso que uma das diferenças entre jogo e projeto refere-se à sua motivação, ou melhor, ao interesse que mobiliza sua realização. No jogo, o aspecto lúdico (prazer funcional) e o simbólico (tratar A como B), mesmo que em contexto regrado (jogo de regras), são fundamentais.

Segundo Piaget (1945/1990), uma das características do jogo é a possibilidade que nos concede de assimilar o real de um modo deformante, isto é, segundo nossos interesses e recursos cognitivos. Isso se expressa mesmo em um jogo de regras, pois o jogar bem não se reduz ao jogar certo. O jogar certo supõe um ajustamento aos objetivos e às regras do jogo, às alternâncias entre jogadas, à submissão aos resultados dos acontecimentos (perda ou ganho, posição momentaneamente favorável ou desfavorável etc.). Nesse sentido, o jogar certo demanda um equilíbrio entre assimilação e acomodação, entre as atividades do sujeito e as demandas do real (espaço e tempo do jogo, posição dos jogadores nos diferentes momentos de uma partida, respeito aos objetivos e aos acontecimentos produzidos em razão das escolhas efetuadas e suas conseqüências). O jogar certo, nesse sentido, pode até expressar um predomínio da acomodação (ajustamento do sujeito a referências externas sem o qual uma assimilação não é possível). Mas o jogar bem, o que afinal distingue uma boa de uma má jogada em cada um dos muitos momentos de uma partida, é sempre produto de uma assimilação do sujeito. Como analisaremos mais adiante, o jogo supõe um sujeito ativo, responsável por suas escolhas e pelas conseqüências delas advindas, que coordena – em cada momento da partida – os múltiplos aspectos a serem considerados.

A prevalência da assimilação sobre a acomodação, isto é, o caráter deformante da assimilação, fica mais evidente se considerarmos as duas primeiras estruturas de jogos, propostas por Piaget. De fato, no jogo de exercício é o prazer funcional que dirige o espetáculo. Desincumbida das adaptações exigidas pelo processo de acomodação, a criança (ou o adulto) pode deformar a realidade segundo seus interesses ou possibilidades de assimilação. Agora o que vale é o prazer da repetição, do modo como o sujeito quer ou pode fazê-lo. Assim, sugar um objeto sem interesses nutritivos é diferente da realização da mesma atividade movida por esses interesses.

Sujeito ativo ou passivo

No jogo, o jogador é sempre mais importante que o jogo. É certo que o jogo é independente do jogador. Ele tem objetivos, regras, recursos materiais próprios (tabuleiro, peças etc.) definidos por seu construtor ou sintetizados pela história sociocultural de sua construção como objeto histórico e próprio de uma cultura, transmitido através das gerações, ainda que adaptado ao espaço e ao tempo de suas realizações. Nesse sentido, jogo e projeto são equiparáveis. Eles têm um propósito objetivo, ou seja, devem ser realizados subordinando as pessoas que os aceitam ou se comprometem com eles na direção que lhes foi proposta.

Mas, na perspectiva das jogadas, prevalecem as características do jogador. O jogo, como toda criação, é puro sujeito ou puro objeto. No LaPp costumamos fazer uma diferença entre jogar bem e jogar certo. Jogar certo é uma condição necessária, mas não suficiente. Ou seja, trata-se sempre de obedecer às regras, levar em conta o objetivo do jogo, respeitar o tempo e o espaço das jogadas, aceitar, mesmo que a contragosto, os resultados. Jogar certo é um problema de aprendizagem: dominar as informações ou instruções relativas a cada jogo, criar hábitos de respeito às regras etc.

Jogar bem é um problema de desenvolvimento: refere-se às decisões e às escolhas no contexto de uma partida em que se expressa em cada jogada. É certo que, em um contexto de treino ou exercício, pode-se aprender os procedimentos mais importantes, analisar partidas e refletir sobre erros ou acertos, preparar ou enfatizar certos recortes importantes. Mas, na hora do jogo propriamente dito, tudo isso deve ser atualizado no contexto de cada escolha, de cada momento. Essas situações são únicas e singulares; elas refletem como cada jogador as interpreta segundo os diferentes fatores que as possibilitam (seu nível de desenvolvimento como jogador, as peças que estão em jogo etc.). Nesse sentido, o jogo pode ser visto como algo relativo a um puro sujeito.

Em um projeto, os sujeitos que dele participam estão subordinados ao seu resultado ou ao seu objetivo. Mesmo que o projeto seja uma criação "nossa" (em uma novela, por exemplo, os personagens são criações de seu autor), a partir de certo momento não podemos mudar algo "de qualquer jeito". Na construção de projetos, o sujeito age em função de um objetivo, o qual, como lembra Boutinet, já foi – tanto quanto possível – definido nos desenhos e maquetes que lhe servem de referência, ou, mais que isso, que constituem sua realização simbólica ou antecipada.

Em um jogo, as partidas anteriores, o conhecimento do estilo dos jogadores, as regras e os objetivos de cada jogo servem de referência e regulam muitos aspectos importantes das jogadas; mas sua função é diferente.

Em resumo, foram propostas algumas diferenças entre jogo e projeto. Primeiro, a do lugar do imanente no jogo em oposição ao lugar do transcendente no projeto. Segundo, a natureza lúdica do jogo por oposição à natureza séria do projeto. Terceiro, o jogo como perspectiva da "criança" *versus* o projeto como perspectiva do "adulto". Quarto, a prevalência dos processos de assimilação quando o contexto é de jogo por oposição à prevalência dos processos de acomodação ou do equilíbrio entre ambos quando o contexto é de projeto, ou seja, ao lugar mais ativo ou mais passivo do sujeito, quando se dedica a uma ou outra atividade. Quinto, o objetivo ocupacional do jogo *versus* o objetivo profissional do projeto.

Jogo e projeto: indissociáveis

No segundo capítulo de *Antropologia do projeto*, Boutinet faz uma análise sobre "o projeto e os modos de antecipação". Retomaremos, ao nosso modo, alguns aspectos considerados por ele, dado o valor que lhes atribuímos em uma visão construtivista do conhecimento.

Seguindo Boutinet, considerar o projeto como modo de antecipação supõe, como mínimo, a análise dos seguintes temas: o tempo, as formas de antecipação, o lugar do progresso, da previsão e do planejamento.

Podemos valorizar o tempo em pelo menos dois modos: bipartido (sucessão e simultaneidade) ou tripartido (presente, passado e futuro). Na realização de um projeto, por exemplo, diversos aspectos devem ser considerados ao mesmo tempo. E, destacando um a um igualmente, outros ângulos também devem ser observados em cada caso. O grande desafio é observar e coordenar as diferentes perspectivas. Em outras palavras, um projeto implica uma rede de significações, um conjunto de elementos igualmente importantes, ainda que, aqui e agora, só possamos valorizar um ou alguns como figura e outros como fundo. Quais serão nossas prioridades? Como pensar cada uma delas em termos de prós e contras?

A dimensão tripartida do tempo é, como a bipartida, fundamental quando realizamos um projeto. Como coordenar presente, passado e futuro? Como regular o presente em função daquilo que queremos que algo se torne? Como antecipar o que é antecipável? Como corrigir ou atualizar o passado em função do presente?

A necessidade de antecipação é um aspecto comum ao jogo e ao projeto, se quisermos realizá-los bem. Antecipar significa regular o momento presente em função daquilo que queremos evitar ou favorecer no futuro. Trata-se, portanto, de pré-corrigir erros, de favorecer uma direção. No caso do jogo de regras, principalmente, sabemos quanto é importante pensar a jogada atual em função daquelas que nosso adversário pode fazer e, por igual, daquelas que planejamos fazer. Em um jogo o que está feito, está feito: não se corrige o passado, mas se pode evitar sua repetição no futuro, pela alteração de procedimentos, pela invenção de novas estratégias ou pela criação de jogadas diferentes.

Antecipar é um modo de considerar o "como realizar" na perspectiva de seus porquês. Como sabemos, os porquês podem ser entendidos de dois modos. No primeiro deles, seu significado indica a razão ou o motivo pelos quais algo aconteceu ou não aconteceu; trata-se neste caso de explicar o passado, de justificar sua presença ou ausência. No segundo modo, o porquê refere-se a uma conduta de antecipação, pois nos possibilita justificar o que deve ser feito agora em favor de algo futuro a ser evitado ou favorecido: por exemplo, antes de fazer uma viagem é bom escolher as roupas a serem postas na mala considerando o clima e o lugar para onde vamos.

Na análise de um jogo, preparando-se para uma partida ou campeonato, ou durante o próprio jogo ou partida, essas duas formas de porquês são muito importantes. A segunda forma, que nos possibilita justificar ou fundamentar por antecipação as nossas escolhas, é especialmente valiosa. O mesmo ocorre no contexto de um projeto: nele temos que pensar para a frente e fazê-lo de um modo lógico, coerente, em que se possa justificar o mérito de nossas decisões. Isso, por suposto, não descaracteriza o fato de que, tanto nos jogos como nos projetos, não temos controle sobre o resultado de nossas ações.

Considerações finais: quando o jogo é o principal recurso para a realização de um projeto

Proponho que consideremos – ainda que superficialmente – algumas situações em que o jogo pode ser utilizado como principal recurso para a realização de um projeto. No LaPp e na linha de pesquisa que coordenamos no programa de pós-graduação em

Psicologia escolar e do desenvolvimento humano, apoiados na teoria de Piaget, o objetivo tem sido a promoção de processos de desenvolvimento de crianças e de profissionais que cuidam delas, usando o jogo como um dos recursos para essa intervenção[2]. O mesmo ocorre com os colegas ligados ao grupo de trabalho "Os jogos e sua importância para a psicologia e para a educação", que coordenamos nos últimos dois simpósios da ANPEPP (Associação Nacional de Pesquisa e Pós-graduação em Psicologia)[3]. Poderia e deveria citar, igualmente, tantos outros colegas que recorrem aos jogos e à teoria de Piaget para favorecer processos de desenvolvimento e aprendizagem, mas não é o caso de fazê-lo tendo em vista o nosso recorte.

De um modo geral, se quisermos de fato incluir todas as crianças na escola, é essencial reconhecer a interdependência entre jogo e projeto educacional.

Na realização de um projeto, em que jogos são utilizados como um de seus recursos, algo além deles está em questão. Este é um

---

2. Nos quinze anos de existência do LaPp e de nossa linha de pesquisa no curso de pós-graduação em Psicologia Escolar e do Desenvolvimento Humano do Instituto de Psicologia da USP foram produzidos, sob minha orientação, muitos livros, teses e dissertações. Seus autores são: Abreu (1993), Allessandrini (1995; 2000), Carracedo (1998), Carramillo-Going (2000), Claro (1988), Ferraz (2000), Freire da Silva (1982), Fogaça (2006), Macedo (1999; 2004), Macedo, Petty e Passos (1998; 2000; 2005), Magalhães (1999), Malta Campos (2004), Petty (1995), Queiroz (2000), Rabioglio (1995), Ribeiro (2001) e Torres (2001).

3. Antonio Carlos Ortega, Claudia Broetto Rossetti, Betânia Alves Veiga Dell'Agli, Francismara Neves de Oliveira, Marilda Pierro de Oliveira Ribeiro, Márcia Zampieri Torres, Meire Andersan Fiorot, Odana Palhares, Rosely Palermo Brenelli, Sávio Silveira de Queiroz e Cristina Dias Allessandrini.

meio. O fim é o que o projeto pretende realizar, é aquilo com o qual está comprometido. No jogo, experimentam-se muitos projetos (ganhar, aperfeiçoar etc.), mas é sempre ele – o jogo – que comanda. Por isso é importante estabelecermos a diferença entre jogo no sentido profissional e no sentido cultural ou pessoal. Em um contexto profissional (escola, clínica) o jogo faz parte de um projeto. Quem o coordena ou lidera? Quem regula as atividades em favor daquilo que justifica essa intervenção? Como avaliar e sustentar uma direção em favor de um objetivo a ser alcançado?

Se adotamos o jogo como um dos principais recursos metodológicos para a realização de nosso projeto no LaPp, então é importante analisar como eles – jogo e projeto – se relacionam. É isso o que temos buscado fazer em todos os trabalhos.

Como "proteger" o jogo e seu sentido próprio (autotelia, prazer funcional ou lúdico, simulação ou faz-de-conta mesmo que em um contexto regrado)? Como não agir no antijogo seduzido pelos fins, isto é, pelo projeto que justifica sua utilização? Igualmente, como não "esquecer" do projeto que justifica o uso do jogo, realizando no contexto educacional ou clínico o que às vezes chamamos de "o jogo pelo jogo"?

Dadas as singularidades de jogo e projeto, quando, como é o nosso caso, recorrermos ao primeiro em favor do segundo é fundamental não esquecer as tensões que animam suas relações, por mais convergências ou pontos em comum que possamos indicar entre um e outro. Nesse sentido, mais uma vez, nosso esforço, guardadas as proporções, é seguir as pegadas de Piaget. Ele, segundo nossa leitura, nunca "esqueceu" seu projeto de construção teórica. Se recorreu à psicologia experimental e aos jogos como metodologias para seu projeto de coleta de dados, nunca deixou confundir meios e fins.

No jogo formulam-se perguntas ou questões (definidas pelo objetivo do jogo) e define-se um caminho (as regras do jogo), os recursos disponíveis (as peças, o tabuleiro) e os obstáculos a serem superados (o adversário, o nível de dificuldade do jogo etc.). As respostas ou desfechos são sempre relativos a uma partida em particular. Para quem gosta de jogar xadrez uma vida é muito pouco para todas as partidas que ele quererá jogar! As questões, modos e recursos são sempre os mesmos, mas as respostas e os desfechos variam infinitamente.

Na sociedade atual, a cultura do jogo é muito importante. Tecnologia, informação, conhecimento, globalização e consumo são formas complexas de jogos de interesse, de aproximação e de afastamento de todas as coisas no espaço e no tempo de suas possibilidades de realização, de formas de inclusão e exclusão nunca antes experimentadas (Bauman, 1998/1999).

O jogo, por suas características e natureza (lúdica, simbólica, regrada e construtiva), pode ser um meio excelente para a realização de certos projetos. Considere-se, por exemplo, a necessidade de discussão e de vivência – ainda que indireta – de certas experiências (drogas, desertificação, simulação de situações difíceis ou constrangedoras ou que não podem, ou não devem, ser experimentadas diretamente). No contexto do jogo, isto é, de todas as formas de dramatização simbólica, tais discussões ou vivências são possíveis e ocorrem de um modo muito melhor que aquele implicado em sua realização material ou física. Simular no computador, por exemplo, os efeitos "reais" da desertificação, do uso de herbicidas, do desmatamento é uma boa forma de antecipar (às vezes com séculos de antecedência) o efeito de certas práticas. Representar uma gravidez e todas as conseqüências de seu desenvolvimento pode ser muito melhor que ficar grávida de fato, se sua causa apenas derivou da ignorância, da pressa, da droga, da falta de recursos, da preguiça, do "inevitável" de um momento impulsivo ou obrigada por uma das partes ou por ambas. É melhor discutir ou refletir sobre os efeitos da droga em um contexto simulado do que se arriscar a experimentá-la diretamente, sabendo-se das dificuldades de sua remissão e dos seus efeitos deletérios sobre a saúde.

Penso que é hora de concluirmos. Faço-o propondo, ainda que brevemente, uma relação entre vida e jogo. Vida e morte não são jogos. As formas de viver ou de morrer é que são jogos. Há jogos melhores, outros piores. Em ambos, às vezes se ganha, às vezes se perde. Nos dois casos pode haver aprendizagem; há parceria entre saber e sabor, entre saber e poder; entre vida e morte. E seus impasses expressarão sempre suas formas de ser.

Referências bibliográficas

ABREU, A. R. *O jogo de regra no contexto escolar: uma análise na perspectiva construtivista*. 1993. Dissertação (Mestrado em Psicologia Escolar e do Desenvolvimento Humano) – Universidade de São Paulo, São Paulo.

ALLEAU, R. & MATIGNON, R. (orgs.). (s. d.) *Dicionário de jogos*. Trad. Antonio Lopes Ribeiro. Porto: Editorial Inova, 1973.

ALLESSANDRINI, C. D. *Oficina criativa e psicopedagogia*. 1995. Dissertação (Mestrado em Psicologia Escolar e do Desenvolvimento Humano) – Universidade de São Paulo/Capes, São Paulo.

———. *Oficina criativa e análise microgenética de um projeto de modelagem em argila.* 2000. Tese (Doutorado em Psicologia Escolar e do Desenvolvimento Humano) – Universidade de São Paulo, São Paulo.

BAUMAN, Z. (1998) *Globalização: As conseqüências humanas.* Trad. Marcus Penchel. Rio de Janeiro: Zahar Editores, 1999.

BOUTINET, J. P. (1999). *Antropologia do projeto.* Trad. Patrícia Chittoni Ramos. Porto Alegre: Artmed, 2002.

CAILLOIS, R. (1958/1967). *Os jogos e os homens: A máscara e a vertigem.* Trad. José Garcez Palha. Lisboa: Edições Cotovia, 1990.

CARRACEDO, V. A. *Jogo carimbador: Esquemas de resolução e importância educacional.* 1998. Dissertação (Mestrado em Educação Física) – Universidade de São Paulo, São Paulo.

CASTORINA, J. A. & BAQUERO, R. J. *Dialéctica y psicología del desarrollo: El pensamiento de Piaget y Vigotsky.* Buenos Aires: Amorrortu Editores, 2005.

COMTE-SPONVILLE, A. (2001). *Dicionário filosófico.* Trad. Eduardo Brandão. São Paulo: Martins Fontes, 2003.

DUFLO, C. (1997). *O jogo de Pascal a Schiller.* Trad. Francisco Settineri e Patrícia Chittoni Ramos. Porto Alegre: Artmed, 1999.

GOING, L. C. *Um estudo piagetiano em crianças de 9 a 14 anos, sobre a punição em contos de "As Mil e Uma Noites".* 2000. Tese (Doutorado em Psicologia Escolar e do Desenvolvimento Humano) – Universidade de São Paulo, São Paulo.

HUIZINGA, J. (1938). *Homo ludens: O jogo como elemento da cultura.* Trad. João Paulo Monteiro. São Paulo: Perspectiva, 1990.

KOHAN, W. O. *Infância. Entre educação e filosofia.* Belo Horizonte: Autêntica, 2003.

LALANDE, A. (1926). *Vocabulário técnico e crítico da filosofia*. Trad. Fátima Sá Correia, Maria Emília V. Aguiar, José Eduardo Torres e Maria Gorete de Souza. São Paulo: Martins Fontes, 1993.

MACEDO, L. de. *Ensaios construtivistas*. 5ª ed. São Paulo: Casa do Psicólogo, 1999.

_____. *Ensaios pedagógicos: como construir uma escola para todos?* Porto Alegre: Artmed, 2004.

MACEDO, L. de; PETTY, A. L. S.; PASSOS, N. C. *4 Cores, senha e dominó: oficinas de jogos em uma perspectiva construtivista e psicopedagógica*. 2ª ed. São Paulo: Casa do Psicólogo, 1998.

_____. *Caderno para atividades propostas no "4 Cores, senha e dominó"*. 2ª ed. São Paulo: Casa do Psicólogo, 1998.

_____. *Aprender com jogos e situações-problema*. Porto Alegre: Artmed, 2000.

_____. *Os jogos e o lúdico na aprendizagem escolar*. Porto Alegre: Artmed, 2005.

MAGALHÃES, L. do A. M. *O jogo Cara a Cara em crianças de 7 a 13 anos: uma análise construtivista*. 1999. Dissertação (Mestrado em Educação) – Universidade de São Paulo/Fapesp, São Paulo.

PETTY, A. L. S. *Ensaio sobre o valor pedagógico dos jogos de regras: Uma perspectiva construtivista*. 1995. Dissertação (Mestrado em Psicologia Escolar e do Desenvolvimento Humano) – Universidade de São Paulo, São Paulo.

PIAGET, J. (1932). *O juízo moral na criança*. Trad. Elzon Lenardon. São Paulo: Summus, 1994.

_____. (1945). *A formação do símbolo na criança: Imitação, jogo e sonho, imagem e representação*. Trad. Álvaro Cabral e Christiano Monteiro Oiticica. Rio de Janeiro: Livros Técnicos e Científicos, 1990.

———. (1974). *Fazer e compreender*. Trad. Christina Larroudé de Paula Leite. São Paulo: Casa do Psicólogo, 1978.

———. (1980). *As formas elementares da dialética*. Trad. Fernanda Mendes Luiz. São Paulo: Casa do Psicólogo, 1996.

QUEIROZ, S. S. de. *Inteligência e afetividade na dialética de Piaget: um estudo com o jogo da Senha*. 2000. Tese (Doutorado em Psicologia Escolar e do Desenvolvimento Humano) – Universidade de São Paulo, São Paulo.

RABIOGLIO, M. B. *Jogar: Um jeito de aprender. Análise do Pega-varetas e do jogo Escola*. 1995. Dissertação (Mestrado em Educação) – Universidade de São Paulo/Capes, São Paulo.

RIBEIRO, M. P. de O. *Funcionamento cognitivo de crianças com queixas de aprendizagem: Jogando e aprendendo a jogar*. 2001. Tese (Doutorado em Psicologia Escolar e do Desenvolvimento Humano) – Universidade de São Paulo, São Paulo.

TORRES, M. Z. *Processos de desenvolvimento e aprendizagem de adolescentes em oficinas de jogos*. 2001. Tese (Doutorado em Psicologia Escolar e do Desenvolvimento Humano) – Universidade de São Paulo, São Paulo.

A vida, o jogo, o projeto

Nílson José Machado

Prólogo: a vida é um jogo?

Inúmeras são as tentativas de caracterizar antropologicamente o ser humano: pela forma de andar (*homo erectus*), pela capacidade de produção material (*homo faber*), pela competência para a fala (*homo loquens*), pela abertura para o conhecimento (*homo sapiens*), pela possibilidade de rir (*animal ridens*), entre outras. Uma perspectiva interessante e fecunda é a de Johan Huizinga, em sua obra intitulada *Homo ludens*. Nela, o autor constrói uma bem-elaborada arquitetura teórica para justificar a afirmação de que é por meio do jogo, no exercício da atividade lúdica, que a peculiaridade da vida humana se revela. É certo que, em suas manifestações mais simples, os jogos fazem parte das atividades dos animais e das brincadeiras infantis, mas também é verdade que a idéia de jogo ultrapassa em muito a de mero fenômeno físico ou biológico, adentrando o terreno dos rituais, das manifestações simbólicas com significados mais profundos.

Huizinga, naturalmente, não está sozinho nessa compreensão mais ampla das funções do lúdico. A associação entre a vida e o jogo circula amplamente no universo da cultura popular: "Vivendo e aprendendo a jogar", diz a letra de uma conhecida canção de Guilherme Arantes. Mas tal associação também está presente em uma renitente alegoria, invocada por autores tão díspares quanto o filósofo alemão Schopenhauer ("A vida embaralha as cartas. E nós jogamos.") ou o poeta inglês Charles Lamb ("O homem é um animal que joga.").

Parece indiscutível o fascínio provocado pelos jogos, em todas as épocas, em diferentes culturas. Das antigas Olimpíadas gregas aos jogos de futebol da época contemporânea, o interesse que o esporte desperta, o envolvimento emocional dos assistentes, a vibração das torcidas, a sintonia entre os atletas e o público constituem sintomas efusivos da vivência alegórica dos jogos, como se representassem "batalhas" das quais saímos vencedores ou perdedores.

De modo geral, os esportes, em suas múltiplas modalidades e formas de apresentação, representam um importante espaço a que as sociedades recorrem para organizar uma manifestação controlada das emoções, uma possibilidade de alívio das tensões por meio de uma mimetização de embates e confrontos simbólicos, que conduzem a explosões de gozo e alegria coletiva. Sob a vigência de regras aceitas pelos participantes e conhecidas pelos assistentes, a vivência controlada de tais explosões emocionais pode constituir uma legítima válvula de escape das inevitáveis tensões sociais.

Uma situação particularmente emblemática ocorre com os chamados "jogos de azar" e todo o interesse que despertam em parcela significativa da população. De fato, a irracionalidade das apostas (quando confrontadas com a frieza dos cálculos e das possibilidades matemáticas) e a ilusória expectativa de ganhos (fundada apenas na esperança de uma inescrutável sintonia entre o jogador e o cosmos) decorrem de postulados ou conjecturas mirabolantes como "hoje é o meu dia de sorte", ou de uma entrega ao imponderável, aos ditames do destino – como o fez César ao atravessar o rio Rubicão para lutar com Pompeu, ao afirmar: "*Alea jacta est*", ou seja, "a sorte está lançada". Tais ocorrências, tão freqüentes, somente poderiam ser compreendidas quando a própria vida é encarada como um jogo, onde ganhar ou perder seriam contingências de um projeto global que nos transcende e cujo resultado final desconhecemos.

Mas é preciso ir além do mimetismo e da alegoria: na verdade, nem o jogo se confunde com uma brincadeira infantil, ou com um simples mecanismo de fuga da realidade, nem a vida se reduz a um jogo aleatório, em que o livre-arbítrio se dissolve em resultados arbitrários. As ações humanas transbordam em significado o mero entretenimento ocioso e o sentido da vida não se pode vislumbrar a partir de uma perspectiva apenas lúdica. Jogamos permanentemente jogos com regras, que desafiam nossa criatividade e pressupõem o exercício de estratégias que nos remetem ao terreno do pretender, do projetar. O significado de cada partida, de cada lance, parece, às vezes, obscuro, e sentimo-nos como em um grande labirinto, dispondo apenas de alternativas locais, sem nenhuma visão de conjunto. Questionamo-nos permanentemente sobre a origem da autoridade que fundou as regras: o que nos obriga a cumpri-las, a respeitá-las? Por que não criar nossas próprias regras? Quem é o juiz desse jogo da vida? O que significa ser o vencedor? Quando é que o jogo termina? Como é que o jogo começou?

Vida, palavra, ação

Na Bíblia, o evangelho segundo são João registra em seu prólogo que "no princípio era o verbo". E o jogo da vida teria começado com a palavra, a palavra divina, a palavra fundadora. No monumental poema "Fausto", Goethe reinterpreta o texto bíblico e escreve: "No princípio era a ação!". E talvez prefigure aí uma expressiva rota de significações para a palavra *ação*, que pode ser considerada a característica mais forte do modo de ser do ser humano. Os animais não agem. As plantas não agem. Os objetos não agem. A própria divindade manifesta-se (ou não), mas não age. Somente o ser humano age. Uma consulta a um simples dicionário pode contribuir para esclarecer tal ponto.

Em algumas poucas linhas da coluna e meia dedicada ao verbete, Buarque de Holanda registra: "*Ação* – atividade responsável de um sujeito, *realização de uma vontade que se presume livre e consciente*, processo que decorre da vontade de um ser e de que resulta criação ou modificação da realidade". Já em Houaiss, nas duas colunas correspondentes, encontramos: "*Ação – atividade surgida da livre intenção de um agente*, e portanto não submetida a nenhuma compulsão ou poder coercitivo" [grifos nossos]. Embora possa ser utilizada em inúmeras acepções, a palavra *ação*, em seu sentido propriamente filosófico, não se reduz a um mero fazer: trata-se de um fazer livre, consciente, expressão da vontade de um agente, não submetido a nenhuma coerção. Trata-se, portanto, de um fazer simbioticamente articulado com a palavra, ou com o *verbum* latino, o verbo, que também expressa, como categoria gramatical, o agente, aquele que realiza a ação.

Três observações merecem registro, neste ponto, para explicitar e amplificar a riqueza semântica da palavra *ação*. Em primeiro lugar, a língua, em seu uso corrente, é fiel depositária de tal riqueza. De fato, se as palavras *colaboração* e *cooperação*, ou seja, a realização de um labor, de uma obra junto com os outros, têm, naturalmente, uma conotação positiva, na palavra *coação* predomina a conotação negativa. É como se ficasse registrado tacitamente, na linguagem ordinária: "A ação é sempre minha, é a manifestação da minha vontade, livre, consciente; ainda que, em certas circunstâncias, eu possa agir junto com os outros, em sentido estrito, ninguém pode agir por mim". Certamente, nem toda coação é ilegítima, e as normas legais continuamente nos coagem; este, no entanto, é o limite da coação legítima. Se não estou infringindo nenhuma lei, toda coação é naturalmente recusada. Somente a autoridade de um poder legitimamente constituído pode nos coagir. Voltaremos a este ponto mais adiante, ao examinar as relações entre a autonomia e a autoridade.

Em segundo lugar, no espaço público da construção da ação comum, da comunicação, o grande embate que se dá envolve as palavras *ação* e *violência*. Como líquidos imiscíveis, elas resistem semanticamente a qualquer composição. De fato, se a ação constitui sempre um fazer articulado com a palavra, confiante na palavra, uma manifestação consciente que extrai da palavra toda a sua significação, a violência, qualquer que seja a esfera considerada, sempre representa a falência da palavra, ou, no mínimo, uma desconfiança de sua eficácia. Assim é que a própria expressão "ação violenta" resulta intrinsecamente contraditória, com seus dois termos em um litígio semântico explícito. Um indício importante de tal desencontro é o fato de que, de modo geral, a violência não se tenta justificar como uma ação, mas sim como uma reação: o violento sempre procura garantir que "foi o outro que começou...". Ocorre, no entanto, que viver de reações é o modo de ser característico dos animais: a regra básica é "bateu, levou". No horizonte da moral, tal perspectiva somente pode conduzir a um arremedo de justiça, como é o código de talião: "Olho por olho, dente por dente". Enquanto nos satisfizermos em permanecer nesse patamar ético, podemos nos contentar com tais justificativas; para alcançar a condição propriamente humana, no entanto, a assimetria na consideração dos deveres é fundamental. A desgraça do outro não me consola, nem seu desvio de conduta pode justificar o meu. Somente a reconstituição da confiança na palavra no exercício da razão, da expectativa de justiça por meio do cultivo de valores permanentes pode semear o sincero desejo de jogar com o outro o jogo da comunicação, a vivência da razão comunicativa.

Em terceiro lugar, no plano teórico, a própria vida pode ser diretamente associada à idéia de ação. Tal é a perspectiva, por exemplo, de Hannah Arendt em *A condição humana*. Ao tentar caracterizar o modo próprio de ser do ser humano, aquilo que caracteriza a vida em sentido humano, Arendt desembocou naturalmente na palavra *ação*. Nessa perspectiva, as atividades ou os fazeres poderiam ser organizados em três classes: o labor, o trabalho e a ação. O labor estaria associado às atividades que visam à manutenção da vida em sentido biológico: é preciso alimentar o corpo, mantê-lo abrigado das intempéries etc. Tal classe de atividades, ainda que fundamentais para a manutenção da vida, não nos distinguiria dos animais, uma vez que partilhamos com eles tais preocupações com a manutenção do corpo biológico. Já o trabalho, em geral, conduz à produção material de algo que vai além do nosso corpo: produzimos materiais, objetos, artefatos, instrumentos etc. Certamente, o trabalho inclui muito da atividade laboral, mas vai muito além dela. Embora já se tenha pretendido caracterizá-lo como a categoria fundamental para o entendimento do fazer humano, para Arendt, também partilhamos tal produção material com muitos animais, como a abelha, a aranha, o castor, entre outros. É na ação, no entanto, que a humanidade do homem se revela: o fazer juntamente com a palavra seria justamente a condição de possibilidade da memória, da história, da política, da consciência, da vida em sentido pleno, que Arendt chamou de *vita activa*. Outra vez parafraseando a canção popular, "a gente não quer só comida, a gente quer comida, diversão e arte" (Marcelo Fromer/Arnaldo Antunes/Sérgio Britto: Titãs). De alguém privado da palavra ou desprovido da consciência, ainda que o corpo físico esteja em perfeitas condições de funcionamento, não se pode dizer que está vivo, no sentido da *vita activa*.

Ainda no plano teórico, Jürgen Habermas, com sua *Teoria da ação comunicativa*, destaca a amplitude de significado da palavra *ação*, construindo os elementos constitutivos da possibilidade de uma ação comum, de uma comunicação com os outros, e associando definitivamente as palavras *ação* e *razão*. Se a ação comunicativa é aquela que visa ao entendimento, e não apenas ao êxito no sentido prático ou à simples eficácia operacional, a razão comunicativa ultrapassa em muito os limites da razão kantiana – fundada nas ciências puras e na matemática –, buscando assentar-se na confiança na palavra, na construção de uma situação ideal de fala, em que todos tenham vez e voz, na expectativa de um acordo por meio da argumentação, na esperança de um consenso. Não é o caso, aqui, de nos determos em pormenores da perspectiva habermasiana, ficando apenas o registro de seu papel fundamental no caminho da ação consciente.

Nos embates da vida, a busca da consciência é o único projeto do qual não se pode abdicar sem se perder o sentido da dignidade humana. A confiança na palavra é a única regra imutável em tal busca, e seu descrédito somente pode conduzir à eclosão da violência. E a ação consciente, fundada na palavra, é um bem muito especial. É um fio de navalha, que serve de antídoto para a violência, mas que pode servir de meio sofisticado para o exercício da mesma. De fato, entre as piores formas de violência encontra-se aquela que se realiza por meio da palavra – privando-nos dela, ou formatando aquilo que pode ser enunciado. A palavra engaiolada estiola-se e perde a vida. Comprada ou vendida como uma mercadoria, ela também se esfacela. Ela somente pode circular humanamente como doação: tal como a vida, ela é pura dádiva. Nas ações vitais, na *vita activa,* mais do que vencer, o que importa é vencer com o outro, é convencer. E a ação de "per-doar", ou de "doar perfeitamente", pode ser mais eficaz, pode produzir mais efeito no combate à violência do que o mais poderoso dos exércitos.

Ação, consciência, projeto

O fazer consciente, conjuminado com a palavra, é o que distingue a ação humana, por um lado, do fazer animal, que é pura reação, e, por outro, da ação divina, que se realiza completamente por meio da palavra. A vida em sentido humano está associada a uma contínua prefiguração das ações, a uma capacidade de antecipação das mesmas no que tange às conseqüências que delas decorrerão. Para nos constituirmos como seres humanos, assumimos responsabilidades pelos nossos atos, que não se podem limitar a meros reflexos, a simples expressões de ímpetos ou à realização de vontades instintivas.

Na trilha de Julián Marías, consideramos que o modo de ser do ser humano é o pretender ser; a vida é um permanente exercício de pretensão, de busca de algo que se encontra adiante, no futuro. A cada momento, escolhemos nossas metas, lançamo-nos para a frente em busca das mesmas, e nessa tensão/pretensão nos mantemos enquanto estamos vivos. Quem não tem nenhuma meta, quem não está se lançando em busca de algo prefigurado em alguma circunstância vital, em algum contexto, já não mais está vivo.

Nessa região de confluência entre o desejo e a razão, entre a vontade que se autojustifica e a vontade consciente, ou seja, entre as impetuosas volições de primeiro nível e as refletidas volições de segundo nível, socialmente controladas, que levam em consideração a presença do outro e são balizadas por valores, situa-se a idéia de projeto. A ação humana consciente é a ação projetada em um cenário de valores socialmente acordados. E, assim como se afirma que "a vida é um jogo", também se pode afirmar que cada ser humano vive sua vida como um projeto, ou que viver é um contínuo projetar.

A palavra *projeto* é polissêmica, sendo utilizada tanto para a referência ao modo técnico de prefiguração da produção do engenheiro ou do arquiteto quanto para nomear a fase da gestação das leis, entre outros múltiplos sentidos, no espaço entre as ações pessoais e as ações coletivas. Autores de um espectro muito amplo têm a idéia de projeto no cerne de suas reflexões teóricas. Em *O existencialismo é um humanismo,* Sartre afirma: "O homem é, antes de mais nada, um projeto; um projeto que se vive subjetivamente. [...] O homem não é outra coisa senão aquilo que ele se faz".

Para Heidegger, em *Ser e tempo,* o projetar é caracterizado como uma estrutura básica do compreender, pois "o compreender possui em si mesmo a estrutura existenciária que designamos como projeto".

Mais direta e especificamente ainda, Ortega y Gasset em suas *Obras completas* registra que

> toda a vida é, em sua raiz, projeto, sobretudo se se galvaniza o pleno sentido balístico que reside na etimologia desta palavra. Nossa vida é algo que é lançado no âmbito da existência, é um projétil, só que este projétil é que tem, por sua vez, que escolher o alvo [...]; o fator mais importante da condição humana é o projeto de vida que inspira e dirige todos os nossos atos.

Não é nossa intenção, neste momento, inventariar a amplitude de usos da palavra *projeto* em referenciais tão abrangentes e complexos. No que se segue, buscaremos apenas caracterizar o uso que faremos da mesma, no âmbito das relações entre as idéias de jogo e de projeto, ou entre as ações de jogar e de projetar.

Quatro são os elementos constitutivos da idéia de projeto, presentes em maior ou menor grau em todos os usos próprios do termo.

Em primeiro lugar, ter um projeto significa ter metas, ter alvos e lançar-se em busca deles, projetar-se em direção a eles. Não existe projeto sem alvos a serem atingidos, sem metas prefiguradas em um cenário de valores.

Em segundo lugar, há a referência ao futuro: um projeto é a prefiguração de uma ação a ser realizada lá adiante, no tempo. Se não existir o futuro, não existem projetos; simetricamente, poder-se-ia afirmar que se não existem projetos o futuro não se realiza.

Em terceiro lugar, um projeto sempre pressupõe um futuro aberto, não-determinado, que depende de nossas ações. Um projeto sempre envolve um risco: as metas podem ser ou não alcançadas, o sucesso ou o fracasso podem ocorrer de diferentes maneiras. Em sentido próprio, um projeto absolutamente determinado em suas etapas de operacionalização, estando "condenado" ao sucesso ou "condenado" ao fracasso, não é verdadeiramente um projeto. Uma meta motivadora de um projeto em sentido próprio não pode ser absolutamente trivial nem claramente impossível.

Finalmente, em quarto lugar, as ações prefiguradas em um projeto devem ser realizadas pelo projetante, seja ele uma pessoa, uma equipe, um grupo social ou uma coletividade inteira. Em outras palavras, uma regra absolutamente fundamental é: podemos ter projetos juntamente com os outros, mas não podemos ter projetos pelos outros. Por mais que um pai ame seu filho, não pode desejar tanto seu bem ou seu sucesso a ponto de ter projetos por ele, o que corresponderia a viver a vida por ele; ainda que um professor possa semear milhares de idéias, estimular e entusiasmar um milhão de alunos, não pode ter projetos por um deles sequer.

Conforme as quatro características acima, a vida transcorre como um projeto. Desde o nascimento, somos lançados como um jato para a frente (*pro jactum*), escolhendo metas, constituindo caminhos, articulando trajetórias vitais. Nossas ações sempre pressupõem algum tipo de preferência, sempre representam uma providência, um esforço para prefigurar o que está lá adiante, no futuro. Em nosso trajeto, levamos em consideração as balizas que nos orientam no espaço moral, os valores que compõem o cenário de todos os projetos.

Independentemente da idade que tivermos em sentido cronológico, permanecemos jovens enquanto o espaço entre o presente e o futuro encontra-se prenhe de projetos, articulando de modo natural o epílogo de um deles com o prólogo do seguinte. E sentimo-nos velhos na mesma medida em que nos retraímos na condição de seres projetantes e nos limitamos a re-significar o espaço entre o presente e o passado, cultivando saudades e cedendo as rédeas da viagem/vida à mera ilusão. Ao fim e ao cabo, aquilo que chamamos "saudade", quase sempre, não passa de uma retroprojeção ilusória do passado.

Projeto, ilusão, jogo

Do modo como foi esboçada anteriormente, a idéia de projeto parece caracterizar a vida humana, uma vez que a consciência pressupõe uma ação projetada, que estar vivo é pretender algo, é estar-se permanentemente lançando em busca de alguma meta prefigurada em uma configuração moral. A vida constitui, nessa perspectiva, um contínuo fluxo de ações projetadas, e nossos projetos compõem uma trajetória vital peculiar, que identifica cada ser humano tão univocamente como uma impressão digital o faz.

Existe algo, no entanto, que se situa a montante desse fluxo vital projetivo, e que é, verdadeiramente, condição de possibilidade de qualquer projeto. Tal precondição tem sido denominada de modo bastante diverso, em diferentes autores: vontade, esperança, sonho, utopia, ilusão, entre outras. De fato, não é a vontade que faz o projeto, mas não se faz um projeto se falta a vontade; não se vive apenas de esperanças, de sonhos, de utopias, mas não se vive sem ter, alimentar, acreditar no que tais palavras representam; não se vive de ilusões, mas não se pode viver sem ilusões...

Autores importantes dedicaram especial atenção a tais palavras, buscando revelar seu papel fundador e circunscrevendo suas conotações negativas. José Antonio Marina, em *O mistério da vontade perdida*, revolve as razões que fizeram com que a idéia de vontade perdesse o prestígio como conceito psicológico, eivada, por um lado, por excessos behavioristas, que pretenderam reduzir inclusive a palavra a mero reflexo comportamental, como Skinner, em seu *O comportamento verbal;* e, por outro lado, por tendências irracionalistas, que associaram exageradamente à vontade de poder, como ocorre em Nietzsche ou em Schopenhauer. Pedro Laín Entralgo, em *La espera y la esperanza,* contrapõe a esperança projetiva, que vai além do mero esperar, ao desespero desestruturador de Kierkegaard ou ao isolamento nauseante de Sartre. Calderón de la Barca extrapola a positividade do conceito, ao estabelecer que *La vida es sueño*. Desde Thomas More, nos albores do século XVI, diversos autores incumbiram-se de construir uma *Utopia*, sonhando um sonho coletivo, em que a organização da sociedade fosse mais propícia ao exercício da solidariedade e à vigência de um cenário de valores mais humano. Houve ainda quem, para fugir das armadilhas das conotações circulantes, criasse um conceito especial para traduzir esse elemento fundamental, que constitui a montante dos projetos: Bergson, em *L'évolution créatrice*, denomina de *élan vital* esse impulso, essa energia, essa vontade de viver, sem o que nenhum projeto pode viabilizar-se. Mas é especialmente sobre a idéia de ilusão que dedicaremos as linhas a seguir, uma vez que ela constitui a ponte natural que interliga as noções de jogo e de projeto.

Julián Marías, com seu *Breve tratado de la ilusión*, é a referência básica para a articulação anteriormente referida. Fazendo jus ao princípio de que os melhores perfumes são distribuídos nos menores frascos, Marías inventaria, em seu precioso microtratado, as acepções da palavra *ilusão* nas diversas línguas, chamando atenção para a presença, em todas elas, de uma imanente conotação positiva, justamente associada à idéia de jogo. De fato, tal palavra, presente em todas as línguas românicas, tem como matriz a palavra latina *illusio*, um substantivo associado ao verbo *illudere*, que em sua forma simples *ludere* deriva de *ludus*, que quer dizer jogo, mais precisamente jogo de ação, em contraposição a *iocus*, associada ao simples jogo verbal. Em sentido vulgar, a ilusão é mais freqüentemente associada a engano, burla, erro, ou então a fantasia, sonho, utopia. Mas a própria música popular registra usos de tal palavra em sentido positivo, como ocorre com a canção "Nada além", na qual o cantor-compositor Mário Lago reivindica para a vida "nada além de uma ilusão".

Para evidenciar a dimensão positiva da ilusão, presente em praticamente todas as línguas, mas especialmente relevante em espanhol e em português, basta que prestemos atenção ao seu oposto, ou à idéia de desilusão. Em certos momentos, admitimos a desilusão – com os políticos, com nosso time de futebol, com nossos alunos, com nossos amigos etc.; entretanto, sentimo-nos desconfortáveis em tal situação, não nos sentimos felizes, não nos orgulhamos disso, em outras palavras, preferiríamos superar tal estado, gostaríamos de ter ilusões. Efetivamente, soam muito distintas as expressões "estar iludido" e "ter ilusões". É muito difícil viver desiludido. Sem ilusões, uma pessoa não casa, não acha que vale a pena se relacionar seriamente, não acredita no amor. Se casar, um desiludido não tem filhos, não acha que o mundo seja um lugar minimamente aprazível para acolher um seu rebento. Sem ilusões, alguém não se torna – ou então não permanece – professor, uma vez que não acredita na possibilidade de transformação das pessoas. Para viver, para jogar o jogo da vida, é preciso acreditar no outro, ter esperanças, crer nas instituições, apostar no futuro – a isso chamamos ter "ilusões". Tão certo é o fato de que não podemos viver apenas de ilusões quanto o é o fato de que não se pode viver sem ilusões. As ilusões nos alimentam, nos sustêm, nos mantêm vivos: constituem o ingrediente fundamental do *élan vital* de que falou Bergson. A idéia de ilusão sintetiza, pois, aquilo que constitui a montante dos projetos: ter vontade de jogar o jogo da vida é a condição primordial para pretender, para lançar-se em frente, para projetar. E ela também representa, ao mesmo tempo, uma articulação semântica especialmente conveniente para estabelecer certas relações esclarecedoras entre as idéias de jogo e de projeto.

A tarefa de estabelecer o conceito de jogo de modo claro e distinto, nos moldes aristotélicos e/ou cartesianos, definitivamente não é simples. Ela já conduziu filósofos destacados a becos sem saída ou à criação de classificações particulares para enquadrá-la. Como se sabe, ao tentar encontrar um feixe mínimo de propriedades características de tal noção, Wittgenstein formulou a idéia de "semelhança de família": duas enunciações distintas da palavra *jogo* sempre têm algo em comum, como se fossem dois membros de uma mesma família, mas é praticamente impossível listar um conjunto de propriedades que sejam partilhadas por todos os membros da mesma família. Como no caso da palavra *projeto*, não é nosso objetivo, aqui, renitir nos propósitos wittgensteinianos nem inventariar os significados do "jogo"; alinhavaremos apenas algumas considerações sobre certas características muito freqüentes na maior parte dos usos de tal palavra.

Em primeiro lugar, um jogo, tal como um projeto, sempre tem um objetivo, uma meta. Diferentemente dos projetos, no entanto, ainda que tal meta se realize concretamente, ela é essencialmente simbólica. A vitória, ou o atingir do objetivo, realiza-se por meio de uma ação efetiva: o rei do xadrez precisa ser encurralado; a bola de futebol precisa adentrar o gol; o corredor precisa chegar em primeiro lugar; e assim por diante. Mas é o simbolismo representado pelo desenvolvimento da partida que dá ao jogo seu real significado, que constrói sua própria realidade ao mundo da simulação, do imaginado, dos *fictos*, enquanto os projetos referem-se à vida nossa de cada dia, ao mundo da vida, das realizações, dos acontecimentos, dos *factos*.

Em segundo lugar, um jogo exige uma ação centrada no momento presente, no futuro imediato. Ainda que as jogadas sejam antecipadas, projetadas, tal antecipação é de pequena amplitude, não se joga hoje pensando no amanhã, a fruição dos efeitos do jogo é mais ou menos instantânea, e nisso o jogo difere fundamentalmente do projeto. É certo que existem projetos de curto, médio e longo prazo, assim como os efeitos do jogo podem ser imediatos ou mediatos, mas o fato é que o centro de gravidade dos projetos encontra-se no futuro, enquanto o dos jogos situa-se no presente.

Em terceiro lugar, o jogo é um espaço de liberdade, de criação. O requisito da abertura, da não determinação, que é o tempero imprescindível a todos os projetos, é o ingrediente fundamental de todos os jogos. Registre-se, no entanto, que a possibilidade da criação, do exercício da liberdade somente pode ser alcançada após muito investimento em treinamentos, repetições, imitação de modelos, assimilação crítica de influências de variadas fontes. O jogo criativo sempre pressupõe uma combinação equilibrada de inspiração e de transpiração.

Em quarto lugar, os jogos são constituídos por regras fundadoras, a que precisam submeter-se todos os que jogam. Cada jogo é instituído por um elenco de regras, que devem ser aceitas incondicionalmente. Ainda que, ao longo da história, tais regras possam ser modificadas, não se pode fazê-lo ao longo do jogo, no decorrer de uma partida, sem descaracterizar o mesmo, sem configurar uma arbitrariedade ou mesmo uma fraude. No caso de um projeto, também existem regras ou procedimentos racionais a serem respeitados, mas tais recursos, diferentemente do caso dos jogos, situam-se fora do âmbito de constituição/instituição do mesmo.

Numa frase, muitos são os elos que aproximam os projetos e os jogos, mas o centro de gravidade dos projetos situa-se nas realizações, nos feitos, nos *factos*, enquanto o dos jogos situa-se na imaginação, na fantasia, no simbolismo, na ilusão, nos *fictos*.

Projeto/jogo: a ilusão e a razão

Se é certo que todo projeto nasce de uma ilusão, também o é o fato de que é preciso ir além dela. Não basta ter vontade para realizar nossos projetos, por mais caros que sejam. A busca da consciência na ação conduz a que situemos, a jusante do fluxo projetivo, instrumentos de racionalização imprescindíveis para a realização efetiva das ações, tais como o planejamento, a avaliação, o engendramento de articulações nas trajetórias vitais. Não vivemos sem projetos, mas sem tal racionalização podemos permanecer cheios de projetos e nunca vir a realizá-los completamente. A ação consciente exige um planejamento adequado, uma utilização racional dos meios e dos recursos, uma fixação de metas parciais, hierarquicamente situadas, no caminho das metas principais, bem como uma avaliação permanente da estratégia adotada e da eficácia das ações realizadas, tendo em vista eventuais correções de rumo. Não foi por acaso que, ao tecer sua *Teoria da ação comunicativa*, Habermas associou de modo inextricável as idéias de ação e de razão.

Outra é – ou parece ser – a perspectiva do jogo, onde a razão parece situar-se bem distante. No caso específico dos chamados "jogos de azar", com base na pura razão, na lógica irretorquível das probabilidades matemáticas, a atitude do jogador quase sempre pode ser considerada irracional. Mesmo em outros tipos de jogo o papel da emoção parece suplantar em muito o da razão. Nos esportes, o papel da torcida é muito mais importante do que

Jogo e projeto: pontos e contrapontos

o do raciocínio puramente lógico; nos jogos de cartas, a sorte no recebimento das mesmas prepondera em relação às estratégias; nas loterias, a sorte ou o azar são elementos imponderáveis, que transcendem toda a racionalidade. Em geral, nos jogos, o acaso é o senhor do destino; tal é a aparência imediata.

Quando buscamos ir além das aparências, no entanto, encontramos muitos pontos de contato entre a razão e o jogo. Muitos são os jogos em que a estratégia desempenha um papel fundamental. O xadrez e o bridge são apenas dois exemplos notáveis em que a influência da sorte na distribuição das peças ou das cartas é eliminada ou minimizada. Em esportes coletivos, como o futebol ou o voleibol, é facilmente perceptível a importância do treinador, das táticas, das estratégias, da escolha dos locais para a realização dos jogos etc. É certo que muitos comentaristas esportivos se excedem em explicações fantasiosas, em elucubrações pseudo-racionais, em argumentações inconsistentes, mas não se pode negar *in limine* a viabilidade de um discurso racional sobre os eventos esportivos; se não houvesse nenhuma possibilidade de um tal discurso na explicação dos resultados dos jogos, tais comentaristas, num átimo, perderiam seus empregos.

Na verdade, assim como um projeto que não envolve nenhum risco, que é certo que dará certo, não é um projeto em sentido próprio, nenhum jogo pode pretender seduzir jogadores sendo absolutamente aleatório, independentemente da ação dos mesmos. Se é certo que determinado carro ganhará a corrida de Fórmula 1, o desinteresse pela mesma é a conseqüência natural; o mesmo ocorre no caso em que as vitórias se sucedem de modo inteiramente casual, sem que traduzam os méritos dos pilotos e/ou dos carros. Situações extremas como essas apenas ilustram o fato de que, tanto no projeto quanto no jogo, a emoção e a razão, o risco e o cálculo, o irracional e o racional interagem continuamente. Com sua incomparável argúcia, Nietzsche ironizou tal interação ao afirmar, em *A gaia ciência,* que "nenhum vencedor acredita no acaso". De modo geral, a emoção e a razão constituem elementos fundamentais tanto nos projetos quanto nos jogos. Dependendo do jogo ou do projeto, o protagonismo pode situar-se em um desses atores ou no outro, mas é praticamente impossível conceber-se um projeto sem emoção ou um jogo desprovido de razão. A necessidade da busca do equilíbrio no espaço situado entre tais elementos tem sido destacada por diferentes autores, em variados contextos. A pretensão cartesiana de absoluta separação entre os domínios da razão e da emoção, entre a cognição e o afeto, tem sido analisada e reformulada ou mesmo ultrapassada em diferentes momentos. Contemporâneo de Descartes, Pascal já registrara a pérola aforismática, mais repetida que refletida: "O coração tem razões que a própria razão desconhece". Nos dias de hoje, António Damásio é uma das vozes mais eloqüentes na busca da sintonia e da complementaridade entre tais elementos, particularmente nos livros *O erro de Descartes* e *O mistério da consciência*. No fundo, a articulação entre as idéias de jogo e de projeto traduz, em outro contexto, a mesma necessidade de aproximação entre a emoção e a razão.

Projeto/jogo: a consciência e o controle

Já vimos que a ação consciente é a ação projetada, refletida, que não responde apenas instintivamente a vontades imediatas, a volições de primeiro nível, mas que prefiguram o futuro e buscam moldá-lo, controlá-lo. Registramos ainda a absoluta impossibilidade de um perfeito controle da situação, ou de uma consciência absoluta: a abertura, a não-determinação, o risco são circunstâncias inerentes a todos os projetos. Também nos jogos tal problemática ocupa um lugar de destaque, e algumas considerações a respeito serão alinhavadas agora.

Em todas as épocas, nas mais variadas culturas, os jogos, os esportes, as recreações, as atividades lúdicas de modo geral sempre desempenharam um papel extremamente importante na constituição da teia de relações sociais, especialmente no que tange à abertura de canais para uma manifestação controlada das emoções. As normas sociais, as regras de conduta, as exigências do mundo do trabalho, as limitações impostas pelos princípios éticos fundadores geram, inevitavelmente, uma natural tensão entre os participantes do jogo social, com inúmeras possibilidades de confrontos, de hostilidades, de reações insuficientemente refletidas, ou mesmo irrefletidas. Tais reações emocionais nos aproximam perigosamente de um território em que os preconceitos e a antecipação instintiva – a prolepse – predominam sobre os conceitos e a ação consciente, derivada de um projeto.

Uma vez que as emoções são fundamentais para a constituição do ser humano, representando a manifestação superficial de sentimentos mais profundos, associados a um núcleo duro de valores que constituem um "fundo insubornável" presente em cada pessoa, como bem caracterizou Ortega y Gasset, não faz sentido simplesmente reprimi-las, ou mesmo negá-las. Nada parece mais humano do que a manifestação de sentimentos por meio de emoções como as que conduzem ao riso, ao choro, às interjeições de todas as estirpes. É natural, portanto, a necessidade da criação de tempos e espaços públicos onde as emoções possam aflorar de modo controlado, submetendo-se a regras, explícitas ou tácitas, amplamente conhecidas e reconhecidas. Entre tais tempos e espaços — festas, rituais, comemorações, manifestações simbólicas de variados tipos —, os jogos, os esportes ocupam, sem dúvida, um lugar de destaque e neles a problemática do controle cresce em importância.

Naturalmente, a idéia de controle não tem apenas a conotação negativa que comumente é associada à de coação. Se é verdade que a ação é a manifestação da vontade livre de um sujeito, também o é que nem toda a coação é ilegítima: se não obedecemos a normas socialmente acordadas, somos coagidos pela polícia, pela Justiça, pelo poder público. Os limites da coação legítima são os limites do poder legitimamente constituído. A idéia de liberdade somente pode ser compreendida se associada à de autonomia: submetemo-nos livremente a normas que nós mesmos criamos, por meio de canais competentes e de nossos legítimos representantes. Na brilhante síntese do poeta Octavio Paz, "a liberdade consiste na escolha da necessidade". Algo similar ocorre com a idéia de controle: nossa única opção é escolher o modo como o fazemos.

De fato, tal como precisamos controlar os fluxos de entrada e saída em nossa conta bancária, por exemplo, o convívio social exige uma permanente administração da forma de manifestação das emoções, uma formatação branda das mesmas que, no espaço público e no terreno da política, constitui uma virtude cívica importante denominada, por Erasmo de Roterdã, *civilidade*. Se a cidadania relaciona-se diretamente com a articulação entre os projetos pessoais e os coletivos, a civilidade está diretamente associada à forma da manifestação dos sentimentos, à explicitação controlada das emoções.

É fundamental, portanto, que as tensões miméticas proporcionadas pelo esporte possuam certo grau de independência em relação às tensões do dia-a-dia, na vida real, possibilitando uma ascensão e uma explosão prazerosa das emoções dentro dos limites da civilidade, da cortesia. Ao permitir que as emoções fluam livremente no âmbito da expressão simbólica proporcionada, os jogos e os esportes em geral aliviam as pessoas da carga de repressão e controle inerente a contextos sociais não-recreativos.

Mesmo no esporte, no entanto, tal controle equilibra-se perigosamente em um fio de navalha, como nos lembra Norbert Elias (1992):

> A derrota no campo do jogo pode evocar o amargo sentimento de uma derrota na vida real e o desejo de vingança; ou uma vitória mimética, a imperiosa necessidade de que o triunfo se prolongue nas batalhas que se travam fora do terreno do jogo (p. 58).

Em conseqüência, são muito freqüentes explosões emocionais associadas a comemorações ou a protestos pelos resultados nos quais as manifestações de ferocidade, de animalidade no pior sentido, conduzem a destruições, vandalismos, explicitações insólitas de incivilidade extrema.

A valorização das emoções como expressão de sentimentos, o respeito pelas múltiplas formas de manifestação em espaços públicos não pode, portanto, prescindir de um controle, de uma regulação das mesmas. As emoções não podem ser estioladas por uma formalização excessiva nem liberadas, como se pudessem circular livremente: seria o mesmo que brincar com fogo. Simetricamente, no caso dos projetos, a busca da consciência não pode ser tão pretensiosa a ponto de afogar a alma do projetante, depurando-a completamente de emoções e de riscos. É preciso certa dose de humildade na intenção de controle, sem o que a tentativa de tornar determinístico o que é imponderável derrapa perigosamente para uma racionalização de cunho cientificista e pode expressar uma mera arrogância.

Tanto quando é vivenciada como um jogo quanto quando o é como um projeto, a vida transcende em significações, conceituais ou simbólicas, os limites da realização de um simples jogo ou de um projeto, pessoal ou coletivo, arquitetado por quem quer que seja. O controle absoluto não pode ter como alternativa a absoluta falta de controle: é no enorme espaço entre tais extremos que se desenrola o jogo/projeto da vida.

Projeto/jogo: as regras e a autoridade

Um aspecto importante a ser analisado no estabelecimento de relações entre a vida, o jogo e o projeto é a questão da autoridade que criou as regras fundadoras ou instituiu os valores que constrangem as metas a serem perseguidas. Na verdade, a idéia de autoridade subjaz tacitamente a ambas as noções, estando diretamente associada à difícil e permanente questão da busca do significado da vida, como jogo ou como projeto.

Autoridade e autoria são palavras que derivam do mesmo verbo latino *augere,* que significa "aumentar". O autor, ou aquele que cria, aumenta o mundo, acrescenta-lhe algo. Analogamente, a autoridade está associada à criação, à manutenção da ordem. Como, nos processos naturais, o aumento da entropia, ou seja, da desordem, é a regra, a própria manutenção do *status quo* significa uma contínua criação de ordem ou um permanente exercício de autoridade. Tal exercício, por sua vez, sempre está associado à idéia de ação consentida sobre os outros, ou seja, a algum tipo de coação. Não se trata de mera coerção, com o recurso à força, mas do consentimento que se funda no reconhecimento da legitimidade da ação sobre o outro.

Um terreno em que as idéias de autoria e autoridade se encontram especialmente imbricadas é o da criação artística. De fato, em muitos aspectos, a arte assemelha-se ao jogo, à liberdade de criação, à construção de uma realidade paralela, simbólica, que às vezes parece mimetizar, outras vezes inspirar a realidade humana. Em nenhuma atividade parece haver mais liberdade do que na do artista: o pintor em frente a uma tela virgem, o escritor que mira o papel em branco, o escultor diante da matéria bruta. Ao mesmo tempo, em nenhuma outra atividade parece haver tanta clareza quanto à necessidade, no vestíbulo da ação, do estágio da cópia, do exercício da repetição, da aceitação de regras e do consentimento da autoridade dos mestres. A expectativa de uma simples inspiração, de uma linha direta com as musas, independentemente da dedicação, do esforço pessoal, da humilde submissão que a reprodução representa, constitui, quase sempre, o caminho para o desapontamento, a mediocridade ou a arrogância.

Na arte, no jogo, na vida, no entanto, existem limites para o exercício da autoridade, para a obediência ao poder a ela associado. Na vida política, tais limites coincidem com os da vigência das normas legitimamente constituídas, no âmbito de um governo que reconhece e valoriza a autonomia do cidadão, garantindo e preservando a integridade pessoal. De modo geral, a construção da autonomia, ou seja, da submissão consciente a normas criadas por nós mesmos, pressupõe a existência de um arcabouço jurídico e de um sistema de representação que garantam a vigência de uma situação ideal de fala, a prevalência de uma razão comunicativa.

Tão importante quanto a questão dos limites é a definição dos âmbitos. Toda autoridade está associada à existência de um âmbito para seu exercício; nenhuma autoridade pode ser exercida em todos os âmbitos, sem nenhum limite. A extrapolação de âmbitos é o desvio natural que conduz da autoridade necessária ao sempre abominável autoritarismo. Mesmo quando motivado pela melhor das intenções, um governante não pode esquecer-se de que não pode tudo; como a um sapateiro não convém ir além da chinela. Existe um âmbito no qual cada um de nós é a maior, ou melhor, é a única autoridade sobre si mesmo. Esse âmbito talvez coincida com o que Ortega y Gasset chamou de *fundo insubornável* presente em cada um de nós, e que verdadeiramente nos constitui como pessoa. Quando ele é invadido, sempre indevidamente, a integridade pessoal é destruída; quando ele é ameaçado, existem procedimentos democráticos legítimos que buscam preservá-lo, como, por exemplo, a desobediência civil.

A legitimidade das normas vigentes constitui, portanto, condição de possibilidade da fruição da vida enquanto um jogo social limpo, democrático, o que pressupõe o reconhecimento da autoridade que instituiu ou vela pelas mesmas. Como no caso dos jogos, não se pode jogar sem respeitar as regras, e quanto à criação de novas regras, que instituam um novo jogo, é preciso considerar a questão da legitimidade: certamente não é legítimo modificar as regras de uma partida em andamento, por mais interessantes que pareçam as justificativas. Podemos escolher o jogo que queremos jogar, mas a aceitação das regras do mesmo é uma conseqüência natural.

No que se refere aos projetos, a questão da autoridade desliza suavemente para a da fundamentação das normas ou dos valores. Ao viver a vida como uma trajetória de projetos, elegemos metas que são condicionadas pelo cenário de valores socialmente acordados. A aceitação de determinada configuração de valores encontra-se diretamente relacionada com o reconhecimento da autoridade que a instituiu ou representa. Ocorre que há valores que se pretendem absolutos, ou universais. Que autoridade os teria fundado? Qual a razão para aceitarmos as normas que os regulam?

Dois são os percursos possíveis para a fundamentação das normas, que estão associadas ao reconhecimento e à preservação dos valores: o da moral, ou dos costumes, e o da ética, ou dos princípios. No primeiro caso, as normas são aceitas porque traduzem um valor vivenciado de fato: a experiência de nossos antepassados nos legou a certeza de que determinado procedimento é valioso, traduz efetivamente um valor, e a norma instaura sua realização como regra, para todos – tal é o percurso da moral. No segundo caso, as normas visam à instauração de um valor socialmente reconhecido, embora ainda não existente de fato: a vigência da norma visa a instaurar o valor como fato. A norma que estabelece uma idade mínima para o exercício da atividade política é de natureza moral; já o artigo 1º da Declaração Universal dos Direitos do Homem e do Cidadão, ao estabelecer que "todos os seres humanos nascem e permanecem iguais em dignidade e direitos", é de cunho ético, não resultando de um costume, de um hábito já realizado de fato, em diferentes épocas ou culturas.

A questão fundamental é, então, a seguinte: se não é a experiência, se não é o costume, com base em que sustentamos a idéia de que todos os seres humanos são iguais em dignidade e direitos? O fato de desejarmos isso conduz à legitimação da norma, à realização do valor correspondente? Qual o fundamento de um princípio ético como esse? Todas as respostas que podem ser dadas a uma questão como essa parecem parciais ou insatisfatórias. Cada uma das religiões produz uma resposta, que justifica racionalmente todos os procedimentos éticos a partir de uma decisão definitivamente irracional, qual seja a escolha de uma delas. Fora do território religioso, a questão do fundamento último das normas éticas encontra-se em aberto.

No fundo, a decisão de nos pautarmos por tal ou qual princípio ético permanece, em última instância, uma decisão pessoal. Apostamos em um princípio e jogamos o jogo, e projetamos apoiados nele. No âmbito pessoal, poderíamos argumentar em prol da existência de valores absolutos, como o bem, o belo, o justo, ou de princípios absolutamente inegociáveis sobre a natureza humana, sobre certos fatos da vida. É preciso, no entanto, a coragem e a humildade para reconhecer que, na busca do significado da vida, quer como jogo, quer como projeto, em algum momento deparamos inevitavelmente com a necessidade de nos pautarmos por uma decisão assimétrica, estritamente pessoal.

É justamente Hermann Hesse, autor de uma obra preciosa como é *O jogo das contas de vidro*, uma utopia que tem no jogo uma atividade fundamental, um deleite dos sábios em um estado totalmente espiritual, que nos afirma:

> Creio que, apesar do seu absurdo patente, a vida ainda assim tem um sentido; eu me resigno a não poder perceber esse sentido com a razão, mas estou pronto a servi-lo, mesmo que para tal tenha que me sacrificar. A voz desse sentido, ouço-a em mim mesmo, nos instantes em que estou completa e verdadeiramente vivo e alerta (1971b, p. 84).

Epílogo: vida, jogo, projeto

Como a vida e o jogo, um texto também deve chegar a seu final: busquemos um epílogo. Começamos com a hipótese, sugerida sobretudo por Huizinga, de que o jogo, com sua inerente liberdade de criação, seu foco no momento presente, é uma marca fundadora do modo de ser humano. A tal perspectiva associamos a da filosofia espanhola, sobretudo com Ortega y Gasset, e mais recentemente com Entralgo e Marías, em que a vida em sentido humano é futurição, é razão histórica, é um contínuo projetar. Articulando as idéias de jogo e de projeto, tais como foram esboçadas, há os conceitos de circunstância, em Ortega, e de ação, em Arendt e Habermas: um projeto é sempre uma antecipação da ação, um exercício da razão em busca da consciência, mas a ordem de marcha, a realização efetiva somente se dá a partir do desejo, da ilusão, da vontade de jogar o jogo. E o jogo da vida se joga nas circunstâncias vitais que nos constituem, que nos foram legadas como se fossem as cartas para jogar o nosso jogo. E mesmo na perspectiva estritamente existencialista o que importa não são as cartas que recebemos, mas o modo como jogamos com elas, ou o que fazemos com o que a vida fez de nós.

No curso da vida humana, as duas situações paradigmáticas – jogar e projetar – afloram continuamente, em diferentes circunstâncias, em variados contextos. A vida é consciência, previsão, razão, controle; também é impulso, aposta, emoção, explosão. O desafio permanente parece ser justamente a busca de um equilíbrio entre uma série de pseudoconflitos: determinismo/acaso, razão/emoção, futuro/presente, realidade/imaginação, ciência/arte, racional/irracional, certeza/risco, projeto/jogo. A busca da consciência e a necessidade de transcendência parecem caminhar em sentidos opostos, mas, no fundo, realizam-se em uma mesma reta e convergem para o mesmo ponto central, onde se complementam e se neutralizam. A pretensão de uma consciência absoluta, que ignora os limites da compreensão humana e busca fundar um completo determinismo em termos cognitivos, parece uma quimera ou uma arrogância. Similarmente, a submissão acrítica a uma teleologia absoluta, que escraviza a razão e torna sem sentido os projetos pessoais, parece mera rendição, ou uma compreensão simplificada da natureza humana.

Mesmo em jogos de constituição muito simples podem aflorar com nitidez as contraposições anteriormente referidas, abrindo-se caminhos para a compreensão da alternância, em situações vitais, do predomínio de um ou do outro elemento dos pares citados, caracterizando-se a vida como uma verdadeira simbiose entre as idéias de jogo e de projeto. Apenas à guisa de exemplo, comentaremos um deles brevemente, no que se segue: é a chamada *Torre de Hanói*.

A Torre tem origem em um mito indiano, segundo o qual o centro do mundo encontrar-se-ia sob a cúpula de um templo situado em Benares, na Índia. Nesse centro haveria uma placa de latão onde estariam fixados três pinos de diamante. Ao criar o mundo, Brahma teria colocado em um desses pinos 64 discos de ouro, apoiados uns sobre os outros, com diâmetros decrescentes, estando o maior junto à placa que serve de base e o menor no topo da pilha. Esta seria a Torre do Brahma.

As leis imutáveis do Brahma estabelecem que os sacerdotes do templo devem transferir a pilha de discos do pino inicial para um dos outros dois pinos, trabalhando sem cessar, desde então, seguindo apenas duas regras básicas: deve-se mover apenas um disco por vez, e nunca se deve colocar um disco sobre outro menor do que ele. Segundo o mito indiano, a vida decorrerá durante a realização de tal singular tarefa de transferência, que traduziria, alegoricamente, o significado da existência humana: tão logo os sacerdotes tiverem levado a cabo sua missão, haverá uma grande explosão, o templo transformar-se-á em pó e o mundo desaparecerá.

No mundo ocidental, um jogo similar foi criado pelo matemático francês Edouard Lucas e vendido como brinquedo em 1883. É comumente encontrado com nove discos, de três cores que se alternam, em geral, azul, amarelo e vermelho. Na pré-escola, a Torre pode ser utilizada como jogo livre, ou com regras simples para separação de cores e/ou tamanhos. A partir da 4ª ou da 5ª séries, pode-se jogar segundo as duas regras básicas e o jogo possibilita uma série de explorações interessantes, no caminho da descoberta de uma estratégia ótima para alcançar o fim almejado. Em classes do ensino médio, a Torre pode ser utilizada para ilustrar o Princípio da Indução Matemática. Facilmente se percebe, na realização do jogo, que, uma vez aprendida a transferência de n discos, a transferência de $n + 1$ seguir-se-á naturalmente: basta transferir os n primeiros (a partir do topo), liberando o último disco (o maior); podemos, então, transferi-lo para outro pino e finalmente transferir de volta para cima do maior os n discos inicialmente deslocados. Dessa forma, é possível mostrar que o número mínimo de movimentos necessários para a transferência de n discos é dado pela expressão $2^n - 1$.

Não nos interessa examinar com pormenores aqui, no entanto, nenhum desses aspectos relativamente técnicos referentes à utilização do jogo em diferentes níveis, mas apenas registrar uma referência a sua dimensão simbólica, presente, aliás, desde a origem mítica.

Nesse sentido, notemos, em primeiro lugar, que a Torre pode constituir-se em um meio interessante e adequado para a lapidação da intuição. De fato, a aparência simples do jogo conduz a avaliações enganosas sobre o tempo necessário para sua realização. Com 9 discos, o número mínimo de movimentos para completar o jogo é $2^9 - 1$, ou seja, 511 movimentos; realizando um movimento por segundo, sem cometer erros, o objetivo final de transferência seria atingido em cerca de 8 minutos e meio. Com 12 discos, o número de movimentos necessários é $2^{12} - 1$, ou seja, 4095, o que corresponderia, nas mesmas condições anteriores, a cerca de uma hora de jogo. E com 64 discos, tal como Brahma o criou, o jogo precisaria de quanto tempo para ser completado? Uma estimativa do resultado parece desafiar qualquer raciocínio intuitivo. Na verdade, o número de movimentos necessários seria 2^{64} - 1, ou seja, 18 446 744 073 709 551 615; movendo-se um disco por segundo, o jogo seria completado em cerca de 6 bilhões de séculos, o que é verdadeiramente surpreendente! Como as estimativas mais freqüentes para a existência de vida na Terra não passam de alguns poucos milhões de anos, a profecia contida no mito não deve preocupar nenhum mortal. O fato é que, em cada um de nós, a intuição é como uma pedra preciosa em estado bruto; ela não pode ser desconsiderada, mas precisa ser lapidada. Um jogo como a Torre pode ser um instrumento útil em tal lapidação.

Analogicamente, a Torre pode ilustrar diversas outras situações vitais interessantes: Piaget, por exemplo, recorreu a ela para a explicitação das relações entre *fazer* e *compreender;* tal expressão é título de um de seus livros. Outros autores nela se inspiraram para investigar as etapas adequadas na construção das notações simbólicas pelas crianças ou na caracterização do papel do professor como mediador. De modo geral, no entanto, a associação alegórica existente, segundo o mito indiano, entre o desenvolvimento do jogo com a Torre e o desenrolar da própria vida é o ponto que chama particularmente atenção. No primeiro momento, tal associação parece inteiramente descabida; um olhar mais atento pode revelar algumas das razões que levaram uma cultura rica em simbolismos, como a indiana, a tal consideração.

O ponto fundamental, a nosso ver, diz respeito à progressiva conscientização, fundada nas ações, que a prática do jogo propicia. Ainda que de forma muito resumida, algumas relações podem ser estabelecidas, na comparação simbólica entre o jogo e a vida:

Torre	Vida
- jogar (brincar) sem regras fixadas, transferindo discos ao acaso, ao sabor dos impulsos, é possível a todos, é o nível mais primário do jogo;	- viver sem regras, sem metas, sem projetos, ao sabor dos desejos, dos impulsos, das volições primárias, é o nível mais primário da existência;
- jogar com regras fixadas e aceitas já conduz a alguma seleção: há os que não conseguem jogar, há os que jogam menos eficientemente do que outros, há os que não se interessam pelo jogo etc.;	- viver de acordo com regras fixadas e aceitas já conduz a alguma seleção, onde ocorrem diferenciações na valorização e/ou na perseguição dos objetivos, no respeito/desrespeito pelas regras etc.;
- jogar com consciência crescente, sendo capaz de descrever os movimentos, de explicá-los, de registrá-los, de elaborar estratégias otimizadoras exige um aprimoramento constante, que conduz, naturalmente, à teoria do jogo.	- viver com consciência crescente, compreendendo cada vez mais o significado das ações projetadas, exige um aprimoramento intelectual constante, o que inclui, em algum nível, uma aproximação do conhecimento em sua dimensão filosófica.

Naturalmente, a Torre é apenas um exemplo em que a exploração do paralelismo entre o jogo e a vida, e a tomada de consciência da simbiose entre o jogo e o projeto podem ser levadas a efeito. O baralho (especialmente o truco e o bridge), a sinuca, o golfe, o xadrez, entre outros, poderiam dar margem a comparações semelhantes. A propósito, é notável o poema de Jorge Luis Borges (1986) sobre o jogo de xadrez, no qual os dias e as noites são comparados às casas brancas e pretas de um tabuleiro, e os seres humanos disfarçam-se ou distribuem-se sutilmente entre as peças manipuladas e os jogadores que supostamente manipulam as peças e governam seus destinos. Absolutamente antológico é o final do poema:

Também o jogador é prisioneiro
(segundo Omar) de um outro tabuleiro
de negras noites e de brancos dias.

Deus move o jogador, que move a peça.
Que Deus atrás de Deus o ardil começa
de pó e tempo e sonho e de agonias?

Com precisão cirúrgica, o poeta circunscreve e ilumina a questão verdadeiramente fundamental, na caracterização da vida como uma simbiose entre o jogo e o projeto: a ilusão alimenta os projetos, na busca do controle das ações e das emoções, na construção da mais perfeita consciência... que é a mais pura ilusão. A vida é uma renitente pretensão de previsão, de teoria, de ciência pura, de determinações lógicas, que continuamente, ao longo da história, se esvai por entre os dedos em mãos que perseveram na superestimação dos limites da compreensão humana.

Como se sabe, a expectativa laplaciana de que a possibilidade computacional de determinar a posição e a velocidade de cada partícula de um corpo nos levaria à completa prefiguração de seu futuro foi completamente destruída por Werner Heisenberg (prêmio Nobel em 1932). Seu Princípio da Incerteza demonstra que, mesmo para uma só partícula, se sabemos determinar com precisão onde ela se encontra, não podemos calcular com acurácia sua velocidade, ou seja, não podemos conhecer o modo como ela se movimenta.

Também Hilbert, com sua expectativa de formalizações cada vez mais abrangentes, que culminariam em uma só teoria formal que daria conta do conhecimento em todas as suas ramificações, encontra em Kurt Gödel e seu Teorema da Incompletude (1931) um limite intransponível. Naturalmente, esperava-se que tal teoria abrangente fosse consistente, isto é, não acolhesse contradições, e completa, ou seja, que toda sentença bem formada, com o repertório da teoria, pudesse ser demonstrada como verdadeira ou falsa, sem outra alternativa. Há mais de setenta anos, Gödel demonstrou precisamente que um sistema formal suficientemente abrangente, capaz de incorporar a aritmética dos números naturais, por exemplo, tem de escolher, inexoravelmente, entre ser consistente ou ser completo: se for consistente, abrigará sentenças indecidíveis; se for completo, incluirá fatalmente contradições.

Apesar de tudo, persiste a impressão de que a ciência oscila entre a pretensão de projetar a vida, de controlar em termos absolutos as ações, as emoções, as criações humanas, e a intenção oposta de considerar a origem e o desenvolvimento da vida meros frutos do acaso, e o ser humano um simples instrumento para o jogo aleatório dos genes.

Indícios como os de incompletude ou incerteza da vida humana, aporias envolvendo pares como finito e infinito, determinismo e livre-arbítrio, racionalidade e desrazão não parecem contribuir minimamente para que a consciência maior, que é a consciência dos limites, possa florescer. No máximo, nos permitimos, em situações de crise ou de incerteza, quando sentimos que perdemos o controle da situação, uma expressão do tipo "*Alea jacta est*" ou, similarmente, "Seja o que Deus quiser".

Como jogo ou como projeto, vivemos a vida, quase sempre,

muito próximos do chão. Como cigarras deslumbradas ou como formigas tarefeiras, nunca ascendemos o suficiente para notar que a gravidade terrestre varia com a altitude; menos ainda para descobrir que poderíamos ficar livres dela. Com ingenuidade e prepotência, extrapolamos para o universo inteiro as circunstâncias determinantes de nossos limites. Nossos umbigos são os juízes de nosso jogo, são os profetas que inspiram nossas metas. Iludidos, no pior sentido, quanto ao nosso tamanho, limitados pela nossa capacidade de dar respostas, como raposas ressabiadas, renegamos as uvas supostamente verdes e deixamos de lado tudo aquilo que nos parece de gosto amargo. E permanece ao largo a verdadeira questão vital, que é a da transcendência, a da relação entre a autoria e a autoridade, entre o criador e a criatura que projeta quando pode e se entrega quando joga.

Referências bibliográficas

ARENDT, Hannah. *A condição humana.* Rio de Janeiro: Forense, 1991.

BARCA, Calderón de la. *La vida es sueño.* Buenos Aires: Espasa-Calpe, 1952.

BERGSON, Henri. *Creative evolution.* Nova York: Random House, 1944.

BORGES, Jorge Luis. *Nova antologia pessoal.* Trad. Rolando R. da Silva. São Paulo: Difel, 1986.

DAMÁSIO, António. *O mistério da consciência.* São Paulo: Companhia das Letras, 2000.

ELIAS, Norbert & DUNNING, Eric. *Deporte y ócio en el proceso de la civilización.* México: Fondo de Cultura Econômica, 1992.

ENTRALGO, Pedro Laín. *La espera y la esperanza*. Madri: Alianza Editorial, 1984.

HABERMAS, Jürgen. *Teoria de la acción comunicativa*. 2 vols. Buenos Aires: Taurus, 1999.

HESSE, Hermann. *Minha fé*. Rio de Janeiro: Record, 1971a.

_____. *O jogo das contas de vidro*. Rio de Janeiro: Record, 1971b.

HUIZINGA, Johan. *Homo ludens*. Buenos Aires: Emecé Editores, 1968.

MACHADO, N. J. "O jogo como alegoria – A parábola da Torre de Hanói". In: *Matemática e Educação*. São Paulo: Cortez, 1992.

MARÍAS, Julián. *Breve tratado de la ilusión*. Madri: Alianza Editorial, 1984.

MARINA, José Antonio. *El misterio de la voluntad perdida*. Barcelona: Anagrama, 1997.

NIETZSCHE, Friedrich Wilhelm. *A gaia ciência*. São Paulo: Hemus, 1976.

ORTEGA Y GASSET, José. *Obras completas*. Vols. II e V. Madri: Alianza Editorial, 1983.

SKINNER, B. F. *O comportamento verbal*. São Paulo: Cultrix/Edusp, 1978.

PARTE II
Pontuando e contrapondo

Lino de Macedo
Nílson José Machado

Nílson: Ao ler seu texto, chamou minha atenção a nitidez na caracterização das dimensões das relações entre o jogo e o projeto: as três primeiras partes do texto referem-se, sucessivamente, às dimensões irredutíveis, às dimensões complementares e às dimensões indissociáveis do par jogo/projeto. Apesar de meu esforço nesse sentido, confesso que tudo o que consegui foi compor um quadro esfumaçado de tais relações. No fundo, estabeleci cerca de vinte pares irredutíveis/complementares/indissociáveis, em cada um dos quais um dos elementos geralmente é associado à idéia de jogo, enquanto o outro corresponderia à idéia de projeto; certo *sfumato* vinciano, no entanto, comprometeria, a meu ver, qualquer tentativa de nitidez nas linhas divisórias.

Tais pares seriam emoção/razão, tensão/pretensão, explosão/consciência, liberdade/controle, irracionalidade/racionalidade, simbolismo/realidade, *fictos/factos*, arte/ciência, acaso/previsão, presente/futuro, durante/montante-jusante, autotelia/heterotelia, resultados/valores, contingência/imanência, regras-dogmas/normas, heteronomia/autonomia, pós-modernidade/modernidade, existência/essência, excelência/transcendência. Um comentário seu a respeito seria muito bem-vindo, se você considerar pertinente.

Lino: A primeira pergunta do Nílson na verdade é um comentário sobre sua "dificuldade" em distinguir no meu texto a análise dialética pretendida, ou seja, a clareza das diferenças entre a dimensão irredutível, complementar e indissociável entre jogo e projeto. Compartilho com ele esta dificuldade, pois às vezes aspectos da análise proposta também me escapam. Com isso quero declarar que não tenho nenhum apego aos conteúdos ou noções consideradas, mas acho fundamental essa forma de fazê-lo. Piaget, sobretudo em *As formas elementares da dialética*, valoriza a interdependência entre os aspectos que se quer relacionar, quando se assume a perspectiva de que o conhecimento é também construção. Nesse sentido, para esse autor, dialético, relacional e construtivo são termos equivalentes, pois expressam o compromisso de analisar um "tornar-se", enquanto coordenações no espaço e no tempo, determinado (em um nível preferencialmente consciente) por escolhas (ou julgamentos) nesta direção (transformação de A em B). Tais coordenações ocorrem de modo interdependente, ou seja, irredutível, complementar e indissociável. Mas para que se chegue a isso há um percurso de desenvolvimento, que se pode observar tanto na perspectiva de ontogenia (construção individual) como de sociogenia (construção social e cultural dos conhecimentos). Irredutível, pois um aspecto do sistema não se confunde com o outro. Complementar, pois tais aspectos coordenam-se de modo condicionado ou interativo, para que, em relação ao todo, um deles, como parte, sempre corresponda ao que falta ao outro para completá-lo. Indissociável, pois na perspectiva do sistema como um todo (mesmo que sempre incompleto e passível de superações em um todo seguinte, do qual ele será apenas uma parte) os elementos que o constituem serão sempre indissociáveis.

Pensemos, por exemplo, nas letras que compõem uma palavra. Elas são irredutíveis entre si, mas se complementam ou condicionam a constituição da palavra a uma forma de relação entre si. Ao mesmo tempo, cada palavra expressa uma composição particular e indissociável, constituindo por isso mesmo um todo, que pode ser parte de um outro maior, se pensarmos agora na relação entre as palavras que compõem uma frase ou sentença. E assim, sucessivamente, se considerarmos nas relações entre as frases que compõem um parágrafo etc. Assim, para escrever uma palavra temos de escolher as letras que lhe correspondem, organizando-as em um espaço (o da palavra), segundo uma certa sucessão ou relação temporal entre as letras que a constituem. Talvez por isso seja tão complexo e difícil para todos nós, mas principalmente para crianças e adultos analfabetos, entendermos de imediato a lógica das significações (pragmáticas, sintáticas, semânticas) que possibilita a construção deste sistema, tão fundamental nos dias de hoje, que é o da linguagem escrita.

Voltando ao tema de nossa discussão, o desafio a que me propus foi articular a relação entre jogo e projeto na perspectiva dialética de Piaget, ainda que desconsiderando (porque não sabendo fazê-lo neste momento) sua dimensão psicogenética e ficando apenas em sua dimensão estrutural. Isso me obrigou a, primeiro, pensar na irredutibilidade destes termos. Jogo é uma coisa, projeto é outra, logo podem se realizar de modo independente (e, por isso, no dicionário seus significados não são sinônimos). Segundo, busquei encontrar características que, na perspectiva do sistema jogo-projeto, podiam torná-los complementares, isto é, que nos possibilitariam vê-los como partes condicionadas entre si, mas preservadas quanto às suas especificidades. Em terceiro, arrisquei no todo composto por esse sistema algo que caracterizasse a dimensão indissociável dessas duas maravilhosas construções simbólicas (o jogo e o projeto). Lendo meu texto, confesso que nem sempre fiquei satisfeito com os conteúdos propostos para essa análise dialética ou relacional entre jogo e projeto. Se mantive a exigência dessa análise é porque acredito em sua importância metodológica e, principalmente, epistemológica e, também, porque acredito na possibilidade de seu aperfeiçoamento.

Nilson realizou algo correspondente, creio, mas talvez mais bem-sucedido quanto à análise proposta. Optou por definir pares dialéticos entre jogo e projeto, defendendo sua feição indissociável, sobretudo quando pensada em um todo maior, o de sua relação com a própria vida. É um risco que vale a pena, sobretudo quando a referência é a linguagem, enquanto sistema superior de compreensão e realização do ser humano sobre o que quer que seja. Penso que tal opção é impossível para uma visão estruturalista e genética do desenvolvimento humano, principalmente se referida à teoria de Piaget. Nesta visão é fundamental considerar a interdependência entre duas ou mais partes constitutivas de um sistema, mas nas vicissitudes da evolução de seus níveis de compreensão, ou seja, de diferenciação e integração crescentes. Um primeiro nível desta interdependência é sempre periférico aos termos relacionados, pois opera de forma indiferenciada ou justaposta. Não considerar isso pode dar margem a confusões. Em outras palavras, o que é indissociável para uma pessoa (compreensão nível 3) pode ser assimilado como indiferenciado ou confundido por outra pessoa (compreensão nível 1). Daí que se pode imaginar compartilhando as mesmas idéias, só que na prática isso ocorre em níveis diferentes de relação quanto aos seus significados. Ao optar por uma análise histórico-crítica do tema, sem coordená-la, como tão bem Piaget sabia fazer, com sua perspectiva evolutiva, corri o risco de propor uma interdependência difícil de acompanhar. Mais do que isso, possibilitei a um autor (Nílson), com outras referências, ser mais piagetiano do que eu, ao flagrar o preço que paguei por uma análise estruturalista (do tipo dialético), mas não genética.

Concluo mencionando que, para mim, Nílson correu – como não poderia deixar de ser – um risco comparável, ainda que de natureza diferente: assumir vida, jogo e projeto como indissociáveis e redutíveis entre si, na perspectiva dos pares dialéticos analisados. (Voltarei a essa questão.) Minha hipótese é que isso só é possível – e mesmo desejável – se pensarmos essas relações como "ponto de chegada", como o prova, aliás, o seu texto. Mas, como ponto de partida, o risco é confundirmos indissociável com indiferenciado ou justaposto. De qualquer modo, julgo que, para os propósitos deste livro, o saldo é positivo, pois possibilita ao leitor observar duas formas de analisar um mesmo tema tão fundamental nos dias de hoje.

Nílson: Entre os diversos pares utilizados para caracterizar a relação jogo/projeto, especificamente no par autotélico/heterotélico, a nitidez na distinção praticamente inviabilizaria o recurso a jogos em situações de ensino ou a projetos como metodologia especialmente adequada para criar centros de interesses prazerosos, que ultrapassem os limites das disciplinas escolares. Tem sentido, então, falar-se de jogos para ensinar, ou projetos para divertir?

Lino: A pergunta é muito importante, mas difícil de responder. Tentemos alguns comentários em favor disso.

Gostei da expressão: "Jogos para ensinar, projetos para divertir". Jogos para ensinar, projetos para divertir. Como comentamos, no LaPp, há mais de quinze anos, desenvolvemos um projeto de formação e orientação de alunos e professores em que se recorre aos jogos para ensinar. Julgamos essencial, em uma escola cujo projeto é ensinar a todas as crianças, que se utilizem jogos ou, melhor ainda, que se preserve o espírito do jogo, isto é, sua dimensão lúdica e desinteressada (apenas movida pelo prazer funcional), sua dimensão simbólica e simulada, bem como sua dimensão regrada e social. Ensinar dando ênfase na perspectiva dos adultos, isto é, da verdade dos fatos ou das leis científicas, dos valores e dos hábitos a serem transmitidos, enfim de tudo aquilo que será fundamental à criança daqui a dez ou vinte anos, quando ela estiver adulta, pode não fazer sentido, ser insuficiente, na perspectiva dos alunos. Insuficiente e sem sentido, porque abstrato e distante de suas possibilidades afetivas, cognitivas e sociais de compreensão.

Possibilidades afetivas, pois as crianças, a princípio, são reguladas prioritariamente pelas simpatias e antipatias com relação a pessoas e atividades (ou tarefas). Só pouco a pouco é que vão podendo subordinar esses sentimentos ("fortes e inferiores") à força da vontade ("fraca e superior") para fazerem coisas importantes, mas desagradáveis. Agora, se o contexto é lúdico e se a criança gosta do professor, podem-se introduzir certas lições fundamentais, mesmo que o regulador seja a simpatia ou a antipatia. Por exemplo, na Escola de Educação Infantil as crianças são introduzidas no estudo de ciências ou matemática via projetos que, na perspectiva delas, são um bom divertimento. Refiro-me à responsabilidade de uma classe de quatro ou cinco anos, sob a orientação de um professor, de cuidar de um aquário de peixes.

Manutenção de uma temperatura adequada da água, limpeza do aquário, alimentação dos peixes, morte e nascimento, cuidado e escolha da vegetação etc. são experiências maravilhosas, que as crianças acompanham com gosto e aprendizagem. O mesmo se aplica a outros projetos como preparar elas mesmas a festa de um colega da classe, visitar uma feira, selecionar, comprar, preparar e comer os alimentos trazidos etc. Em síntese, aquilo que é autotelia para as crianças é heterotelia para os professores. Para elas, o que interessa são os peixes, a festa, a visita à feira; para eles, interessa a possibilidade de, por meio desse contexto, introduzir noções e valores fundamentais. Penso que jogos para ensinar e projetos para divertir, quando bem casados, podem ser muito benéficos ao conhecimento das crianças.

Quero agora analisar a questão por seu lado epistemológico. Um dos pontos mais difíceis e importantes para os professores é encontrar meios de ensinar, por exemplo, valores, boas atitudes, tolerância à frustração, cooperação e respeito pelos colegas e pelo professor, capacidade de raciocínio e tomada de decisões, autonomia, espírito crítico, responsabilidade etc. Todos eles sabem da importância de as crianças aprenderem esses conteúdos ou habilidades, todos eles sabem da enorme diferença que isso nos faz. Mas como aprender o que é impossível ensinar? Principalmente se esta aprendizagem é necessária em todos os sentidos? Penso que Nílson já nos ofereceu uma boa alternativa para isso, por meio da fórmula: "Jogos para ensinar, projetos para divertir". O fato é que nosso modo – adulto e convencional – pensa essa relação ao contrário: os jogos são para divertir, os projetos são para ensinar. Será que estamos dispostos a descentrar essa visão?

Kohan, em seu magnífico livro *Infância. Entre educação e*

filosofia, dedica-se à análise da importância de aprendermos a pensar, ainda que isso seja impossível de ensinar. "É possível ensinar a pensar?", pergunta ele (p. 232). Penso que ele diz sim, mas sob certas condições, que nos custam, de um lado, o preço da renúncia ao recurso mais comum nas escolas: lições, exposições, exemplos a serem imitados, receitas, exercícios repetidos etc., daí sua impossibilidade. De outro lado, talvez seja possível ensinar a pensar se considerarmos o seguinte:

> O pensar é um encontro. Todo encontro que se aprecie como tal não pode ser antecipado, deduzido ou previsto em formato que possa ser utilizado para fins didáticos. É o choque imprevisto com o que nos obriga a pensar que nos comove inteiramente, que nos deixa perplexos, que nos leva a problematizarmo-nos, a pensar o que até agora não podíamos pensar.
> Nesse sentido, o pensar é um acontecimento imprevisível. Não há formas predeterminadas que o produzam. As técnicas, os métodos, podem inibir sua emergência: os modelos, quando crêem apreender e torná-lo transmissível, antecipam o inantecipável. *O método consiste em constituir cada vez o caminho, como problema, com sua solução* [grifo meu] (p. 232).

Proponho que fiquemos apenas no trecho grifado: "O método consiste em constituir cada vez o caminho, como problema, com sua solução". Não é isso o que acontece, repetidamente, com jogos e projetos? Cada partida tem seu desfecho, suas dificuldades; soluções ou procedimentos que foram bons em outra partida, com outros adversários ou problemas, agora não se aplicam direta e facilmente. Temos de estar sempre atentos e concentrados. Criativos e abertos para as muitas possibilidades de ataque e defesa. Temos de aprender com nossos adversários e também com nossos erros, desatenções e confusões. O melhor é constituir cada vez o caminho, é dispor, sim, de equações ou algoritmos gerais, mas sempre convertidos no particular, e talvez único, de cada situação-problema. Como reconhecer o que nunca foi visto deste modo?

O mesmo ocorre em contextos de projetos. Eles são também originais. Projetos, ainda que consideremos o mesmo tema, a mesma metodologia etc., nunca se repetem. "O método consiste em constituir cada vez o caminho como problema, com sua solução." Talvez seja essa a diferença entre os que estão projetando pela primeira vez e os que já fizeram esse percurso outras vezes. O medo do desconhecido, a ansiedade por controlar ou antecipar o não controlável ou antecipável, podem dar lugar à curiosidade, à investigação, ao respeito pela novidade e ao valor do conhecido, como necessário, mas insuficiente.

Na fórmula "jogos para ensinar, projetos para divertir" há uma inversão fundamental: o que tem natureza imanente (jogo) agora se comporta como transcendente; o que tem natureza transcendente (projeto) agora se comporta como imanente. Em jogos para ensinar valoriza-se a construção de respostas, ainda que sabendo que são as perguntas que o sustentam como desafio insuperável, ao menos para um dado sujeito. Em projetos para divertir valoriza-se a exploração de perguntas, o jogo das hipóteses e simulações, ainda que sabendo que são as respostas que sustentam sua razão de ser.

Para terminar, recorro novamente a Kohan:

Mudar o que significa pensar, eis a tarefa da filosofia. Instaurar o pensar sobre outra imagem. Mudar de plano, sem sair da imanência. Pensar de novo o que significa pensar e não deixá-lo repousar na imagem do pensamento em que se encontrava comodamente instalado. Pensar diferentemente o plano da imanência onde se situa o pensar, eis o que fazem os filósofos, seu gesto supremo [...] (p. 227).

Nílson: A idéia de que jogo é coisa de criança e que projeto é coisa de adulto pareceu-me difícil de compreender. Penso que jogam adultos e crianças, que projetam crianças e adultos, existindo, naturalmente, diferenças importantes nos tipos de jogo a que se dedicam uns e outros. Tal distinção imbrica-se, a meu ver, com a que é operada pelo par brincadeira/seriedade. Piaget concordaria com essa afirmação?

Lino: Nílson pede esclarecimentos sobre minha hipótese de que jogo é coisa de criança e projeto é coisa de adulto. Por extensão, igualmente, brincadeira seria coisa de criança e seriedade coisa de adulto. Para ele, apesar das diferenças, adultos e crianças dedicam-se a jogos e projetos, a brincadeiras e atividades sérias. Por último, faz a pergunta mais difícil: Piaget concordaria com minhas afirmações?

Começo dizendo que não sei se Piaget concordaria com minhas suposições. Aliás, meu maior desafio neste livro é analisar, em nome daquilo que penso ter aprendido desse autor, relações entre jogo e projeto, sabendo que ele nunca tratou disso. O tema *projeto*, por exemplo, é ausente na obra de Piaget. Nunca soube que ele tenha escrito algo relacionado com projeto, um termo que, arrisco a dizer, é ausente em seu vocabulário. O jogo, de fato, ocupa um lugar importante em sua obra, mas com sentidos diferentes do que os defendidos por mim. Resumo brevemente os momentos mais importantes da obra de Piaget em que recorreu aos jogos.

O primeiro deles, sem dúvida, encontra-se no uso magistral que fez em *O julgamento moral na criança*, para contrariar – empiricamente – a tese de Emile Durkheim, de que a educação fundamenta-se em uma moral heterônoma, isto é, na obrigação dos adultos em transmitir valores às crianças, de um modo centrípeto (isto é, de fora para dentro e do superior para o inferior). Piaget observou meninos jogando bolinhas de gude ou meninas brincando com bonecas e lhes perguntou sobre a prática e a consciência das regras que utilizavam. Com isso, pôde demonstrar que a necessidade de regulações sociais, de construção de princípios (ou combinados) e de fidelidade a eles estava presente como problema ou como resposta nas crianças. Usar jogos foi uma decisão fundamental, porque neste campo, sobretudo na época – 1932 – em que o livro foi publicado, a influência dos adultos sobre as crianças é pequena e muitas vezes nula. Ora, Piaget verificou que valores fundamentais para a vida coletiva e social, como a autonomia, a cooperação, o respeito mútuo etc., são também construções da criança e expressam aquilo que mais tarde no adulto caracterizará a interdependência entre ética (agir bem) e moral (agir certo, segundo normas e costumes vigentes em uma cultura ou sociedade).

O segundo momento importante em que Piaget refletiu sobre o jogo foi em *A formação do símbolo na criança*, quando defendeu que jogo, imitação, linguagem, imagem mental etc. constituíam os elementos da representação e, portanto, da possibilidade de uma inteligência no plano simbólico e operatório. O terceiro momento foi o uso metodológico que fez dos jogos para analisar, empiricamente, "as formas elementares da dialética". Há também um outro momento, em que Piaget tenta usar a teoria dos jogos para fundamentar sua teoria da equilibração. Mas ele abandona essa possibilidade em favor de uma visão cibernética e complexa dos processos de regulação do desenvolvimento humano.

Quanto ao projeto, nunca observei nenhuma referência de Piaget a esse tema. Podem-se fazer, por suposto, ilações sobre o que ele pensaria sobre isso. Aqui, por exemplo, fui tentado a corresponder a idéia de projeto à idéia de construção, como uma necessidade comum a jogo e a projeto. De fato, pode-se equivaler projeto e construção, até porque todo projeto supõe uma construção, seja como maquete, croqui, plano ou exposição (simulação ou antecipação simbólica, portanto) do que será uma idéia ou um desejo do que se quer realizado, como realização propriamente dita seja do objeto, seja do acontecimento que corresponde ao que foi projetado simbolicamente. Por outro lado, construção, em Piaget, sempre se refere à construção de novidades, à nossa necessidade de realizar transformações nas estruturas ou esquemas atuais para enfrentar desafios ou problemas para os quais estes recursos não mais dão conta. Ora, insisto, projeto tem que ver com projeção, com antecipação por um compromisso de correspondência, e não com transformação (mesmo que ela seja inevitável no percurso). Nesse sentido, a construção de jogadas, de meios novos de interpretar e decidir o que fazer frente a todas as surpresas de uma partida, é mais própria do jogo do que do projeto, ainda que se possa pensá-lo desta perspectiva, como tentamos fazer.

Consideremos agora nossa pretensão de que jogo é coisa de criança e projeto coisa de adulto. Digo criança e adulto em seu

JOGO E PROJETO: PONTOS E CONTRAPONTOS

sentido epistêmico, ou seja, como nossas duas grandes referências de conhecimento e herança antropológica, biológica, psicológica ou sociocultural. É certo que adultos jogam e brincam. É mesmo muito bom para sua saúde e alegria que possam e queiram fazer isso. É certo que crianças, sem o saber ou desejar, realizam – às vezes com sucesso, às vezes sem – nosso grande projeto de vê-las correspondendo aos nossos ideais, ao destino que queremos lhes atribuir. É certo que crianças, com muito gosto e proveito, compartilham projetos e, por intermédio deles, aprendem e experimentam muitas coisas. No entanto, nossa hipótese é que por si mesmas não agem pelo espírito do projeto. Em outras palavras, crianças podem reagir ou acompanhar projetos, mas em sua condição de sujeito passivo ou de assujeitado ao outro (um adulto, geralmente). Já em contextos de jogos ou brincadeiras comportam-se como sujeitos em sua condição ativa, interessada e responsável. E nem mesmo necessitam de adultos para determinar o que fazer. É por isso que, não sem razão, Boutinet só menciona o projeto como problema humano a partir da adolescência. Aliás, isso também pode ser encontrado em Piaget.

Não gosto, por achá-la injusta, da contraposição brincadeira e seriedade. Mas o fato é que aprendemos – em nossa posição adulta – a pensá-lo assim. Huizinga, por exemplo, faz uma magnífica análise do século XIX como o da "seriedade", portanto crítico de jogos e brincadeiras. De fato, esse século caracterizou-se por grandes projetos de sociedade, por movimentos e reflexões em favor da liberdade, pela crítica às contradições sociais, aos privilégios de uns à custa do sofrimento e da usurpação de direitos de tantos outros. Os grandes temas agora são: trabalho, luta de classes, reivindicações sociais, conquista de direitos civis etc. Brincar e jogar são hábitos e valores burgueses, coisas superficiais e descomprometidas com as grandes causas. Nesses projetos de sociedade, bem como em projetos industriais (produzir, trabalhar, transformar materialmente), jogo e brincadeira não têm lugar, a não ser na velha e ainda hoje valorizada visão aristotélica em que eles só se justificam como atividade em momento de descanso ou divertimento consentido depois do árduo labor e como preparação para sua retomada. Nessa perspectiva, jogo e brincadeira em si mesmos só são permitidos para crianças e desocupados, mas não para adultos trabalhadores e comprometidos com coisas sérias e importantes.

Sabemos, ao contrário, que brincadeira e seriedade convivem muito bem. Crianças e adultos jogam com seriedade, concentração, atenção e autodisciplina. Aliás, essas qualidades são condições para a realização de muitos jogos. Mesmo nas brincadeiras as crianças não gostam que não levemos a sério simulações ou jogo de papéis. Trabalho e compromisso social, igualmente, podem ser responsavelmente realizados de modo lúdico, alegre e saudável.

Quando opusemos brincadeira e seriedade para caracterizar o espírito do jogo e o espírito do projeto, foi apenas para marcar, talvez de forma equivocada, a diferença entre duas formas de transformação. O jogo, por mais concretas e responsáveis que sejam as ações de seus protagonistas, é sempre uma transformação simbólica, um faz-de-conta, uma simulação. Por isso é sempre algo de brincadeira. Desprezar essa condição, como é tão freqüente hoje em dia, é um erro, pois transforma o jogo em mais um motivo para o exercício do poder, para a zombaria e para o desprezo. O projeto, por mais simbólicas e idealísticas que sejam suas pretensões, é ou deve culminar em uma realização concreta, material, física (seja um livro, uma casa, um acontecimento). Em resumo, no jogo, as realizações são movidas por transformações simbólicas; no projeto, as realizações são movidas por transformações materiais. A este respeito e para terminar, pensemos, mais uma vez, nos jogadores de xadrez, seja nos versos de Khayyan, Pessoa ou Borges, como bem mostrou Nílson.

Nílson: Não pude compreender perfeitamente a afirmação final do texto, de que "a vida e a morte não são jogos; as formas de viver e morrer é que o são". Gostaria de um comentário a respeito.

Lino: Vida e morte não são jogos, as formas de viver e morrer é que são. Penso assim, inspirado na leitura do vocábulo *jogo* de Comte-Sponville, bem como para contrapor a idéia que reduz tudo a um grande jogo ou projeto. Inspirado em Piaget e na perspectiva de pensar a construção do conhecimento apenas no contexto de nossas referências humanas – a criança e o adulto –, acho que essa redução não se sustenta, pelo menos de um modo direto ou simples. De fato, se privilegiarmos o plano da linguagem ou um plano religioso ou metafísico, vida, jogo e projeto são indissociáveis, isto é, refletem planos ou dimensões de uma mesma coisa. Mas, como pretendo sustentar aqui, se privilegiarmos o plano do real e o da criança, os laços entre esses três termos devem ser construídos e reconstruídos eterna e infinitamente e só se tornam indissociáveis ao longo de um percurso complexo e cheio de encruzilhadas que, muitas vezes, nos fazem perder no caminho.

Comecemos pela defesa, como fez Nílson, da não dissociação entre jogo, projeto e vida. De fato, podemos pensar a vida, a nossa vida e a de todos os outros seres vivos, como expressão da generosidade e da compaixão de Deus ou de seu Representante ou, se considerarmos outras religiões, de Alguém como Ele, com poderes (onisciência, onipotência, onipresença) equivalentes aos Dele, em suas diversas manifestações. Nos planos ou projetos divinos, vida e morte se expressam como revelação ou desígnio. Nesses planos ou projetos há orientações sábias e verdadeiras que é melhor aprender e considerar. Obedecer, respeitar, orientar-se pelas leis que regem a vida em sua sabedoria, quaisquer que sejam os seus desfechos, é tudo que nos corresponde fazer, ou, então, sofrer as conseqüências como pecado ou repetição que nos condena a uma vida ignorante, confusa e sem sentido. O jogo, ao contrário, mas de forma complementar, expressa a vida como um destino sobre o qual não temos nenhum controle. Nesta visão, a vida é puro jogo de contingências, de acasos felizes ou infelizes, pura questão de sorte ou azar. Se é assim, ou vivemos plenamente arriscando-nos, jogando, perdendo ou ganhando, seguindo suas regras e imprevisibilidade, ou agimos de forma comedida, previsível, ajuizada, mas quem sabe medíocre e insatisfatória.

Por que atribuo razão a Comte-Sponville quando este defende que a vida não é um jogo? E, por extensão, segundo penso, também não é um projeto. Viver é uma realização física, química, biológica etc., ou seja, não se reduz ao jogo de nossas simulações ou formas de controle emocional ou simbólico. E, quando a isso se reduz, pode se tornar precária, arriscada, ao menos nos níveis inferiores dessa redução. Crianças vivem, mas, por si mesmas, não têm projetos, pois ainda não possuem recursos simbólicos, cognitivos ou afetivos para isso. Viver não pode ser reduzido a um faz-de-conta ou simulação, mesmo que ganhe esta forma de ser, na medida em que crescemos e assimilamos as diferentes formas de nossa cultura reagir aos acontecimentos da vida (amor, raiva, morte, desejo etc.). Sabemos quanto custa a um ator confundir-se com ou tornar-se, além dos limites da peça, os personagens que representa. Sabemos quanto nos custa imaginar a vida, como apenas um produto ou extensão de nossas projeções ou fantasias sobre ela, por mais que isso seja tentador. Daí a necessidade, ao longo de nosso percurso de desenvolvimento, de superarmos as formas indiferenciadas, justapostas e sincréticas de viver, aprendendo a diferenciar e integrar o que é irredutível a nós mesmos (aos nossos desejos e às nossas emoções, pois estes pertencem também aos outros, seguem leis ou princípios que temos de reconstruir ou que requerem a invenção de formas mais sofisticadas e seguras de enfrentamento). E, se a vida é um projeto, é necessário que aprendamos a nos responsabilizar por ele, que queiramos e saibamos realizá-lo em nosso nome. Isso é complexo, leva tempo e requer grandes transformações, impossíveis de serem atendidas de modo imediato e circunstancial.

Mas como ponto de chegada, mesmo que seu alcance seja apenas transitório, ou na sabedoria daqueles que aprenderam a juntar liberdade com responsabilidade, compromisso com impossibilidade de controle total das coisas, vida, jogo e projeto encontram-se e convergem como expressões de uma única realidade. Sejam realizados em nome de um Deus (ou de um Espírito Superior) a quem se aprendeu a admirar e respeitar, sejam realizados em nome de um adulto, que não esquece a criança que sempre foi e será (pois a tem dentro de si), mas que ao mesmo tempo sabe agir responsável e amorosamente em nome daquilo que ele se tornou.

Se a vida é um jogo e se viver é um contínuo projetar, como caracterizar a vida daqueles (talvez a maioria) que não jogam ou são contra o jogo, bem como daqueles (talvez a maioria) cujo viver é um contínuo não-projetar? Viver, projetar, jogar é uma bela síntese para os vencedores e os sábios. Penso que a vida não pode ser só um jogo, porque é irredutível a uma ficção. Penso que a vida não pode ser só um projeto, porque é irredutível ao seu futuro...

Nílson: Comecemos pelo final, sobre o que concordamos plenamente: a vida não é, não pode ser, apenas um jogo; a vida não é, não pode ser, apenas um projeto. Equilibramo-nos o tempo todo entre a pretensão da consciência que o projetar traduz e o abandono aos desígnios da sorte que o jogar pressupõe. É inaceitável reduzir a vida a mero jogo: projetar é fundamental. Analogamente, pensá-la como mero espaço para a manifestação das emoções também não satisfaz: a vida é razão. Em outras palavras: vida/jogo/projeto constitui uma tríade indissociável.

O interessante filme *A ilha* (*The Island*, dir. Michael Bay, EUA, 2005) traz à luz uma situação sintomática de tal indissociabilidade. Representando ficcionalmente a vida no não tão longínquo ano de 2019, uma megaempresa fabrica clones de humanos endinheirados com problemas de saúde, ou que desejam prolongar a vida o máximo possível, para suprir as necessidades de órgãos a serem transplantados. Mesmo se tratando de meras peças de reposição, rapidamente a ciência que cria tais clones reconhece que sem objetivos, sem projetos, os órgãos deterioram-se, e nem mesmo a vida vegetativa subsiste. Para manter os órgãos em perfeito estado, cria-se uma meta para todos os clones: periodicamente, são realizados sorteios e os agraciados pela "sorte" são supostamente enviados a uma ilha, onde poderiam desfrutar de uma vida maravilhosa, bem distinta da racionalidade asséptica, desprovida de qualquer emoção, dos depósitos em que "vivem". Em princípio, todos vivem a expectativa de serem sorteados e mudarem de vida, mas tal expectativa é muito distinta da que decorre da idéia de projeto, uma vez que ser sorteado não depende das ações dos interessados, que devem limitar-se a esperar o bafejo da sorte. Desnecessário é considerar aqui o fato de que tal ilha não existe, e que a ficção criada apenas disfarça o dia em que os clones deverão cumprir o seu destino de portadores de peças de reposição. O que importa é ressaltar que, mesmo em sentido puramente biológico, deixando-se de lado qualquer consideração sobre a dimensão psicológica do ser humano, ou das indissociáveis relações entre os aspectos conscientes e os inconscientes da vida humana, a necessidade de projetar é vital, e sua substituição pelo mero jogo do acaso não é viável. Os clones se rebelam, recusando-se a admitir uma situação de escravidão, na qual apenas servem de meio para a realização dos projetos de outros (seus "donos"). Regada por um insuspeitado resquício de emoção, uma semente de consciência faz surgir um projeto de emancipação, de liberdade, de autonomia, de solidariedade.

Lino: O filme *A ilha* pode ser uma alegoria interessante, mas gostaria que você explicitasse um pouco mais a idéia da indissociabilidade entre a vida, o jogo e o projeto.

Nílson: Tentarei ir mais diretamente ao ponto, ainda que o preço de tal tentativa seja uma inevitável reiteração de pontos já mencionados no texto inicial.

Ao compararmos o jogo com o projeto, quatro focos principais serviram de referência: os pares emoção/razão, presente/futuro, simbólico/real e regras/normas. De fato, é tão natural a associação da *emoção* ao *jogo* e da *razão* ao *projeto* quanto o é o fato de que não existe jogo interessante se não se abre um espaço para a atuação do jogador, para a ação do sujeito, para a criação do novo, para o projetar. Mesmo em uma situação extrema como a do filme *A ilha*, os clones criam teorias imaginárias para explicar o resultado dos sorteios, realizando um esforço supremo para dar aos mesmos um sentido que dependa da iniciativa de cada um deles. No fundo, a idéia de que não é possível separar nitidamente as idéias de jogo e de projeto parece apenas um dos avatares da impossibilidade de separação entre a razão e a emoção, um tema presente continuamente em reflexões fecundas que se estendem desde Descartes e Pascal, no século XVII, até as registradas por António Damásio, nos dias atuais. Associam-se ao par razão/emoção outros quatro pares que expressam, similarmente, a mesma idéia, quais sejam: tensão/pretensão, explosão/consciência, liberdade/controle e irracionalidade/racionalidade. Ainda que seja possível uma associação imediata entre os primeiros elementos de cada par e a idéia de jogo, enquanto aos segundos elementos corresponderia a idéia de projeto, não parece haver dúvida de que os primeiros elementos também podem ser associados ao projetar; a tensão, por exemplo, também se encontra presente no projeto, em razão da incerteza inerente à escolha de uma meta realmente mobilizadora, que não pode ser trivial nem impossível.

No que se refere à associação jogo/presente, projeto/futuro, também aqui pode ser registrada certa imbricação entre os elementos dos dois pares, resultante, por sua vez, da indisfarçável impossibilidade de uma tripartição nítida entre o passado, o presente e o futuro. O que chamamos de presente não se constitui apenas como um ponto, mas sim como uma bolha, que inclui tanto o passado quanto o futuro: não sobrevivemos sem memória, sem história, nem sem o necessário lançar-se para a frente, sem o contínuo projetar. Todo projeto, por mais inovador que seja, sempre traz dentro de si uma semente de conservação, um elemento do passado representado pelos valores que sustentam as metas perseguidas. Ao eleger uma meta, fazemo-lo porque a consideramos valiosa, e a configuração de valores que a sustenta representa o que levamos do passado para o futuro almejado. E, se é verdade que, globalmente, o jogo se realiza no momento presente, localmente, em espaço e tempo fixados, são inevitáveis ao longo do jogo as recordações do passado e as referências ao futuro, ainda que imediatos: cada lance de uma partida resulta de antecedentes e prefigura os conseqüentes. Ao par presente/futuro, associam-se quatro outros que apontam na mesma direção, quais sejam: contingência/imanência, durante/montante-jusante, resultados/valores, autotelia/heterotelia. A natural associação dos primeiros elementos dos pares à idéia de jogo, e dos segundos à idéia de projeto, não pode elidir o fato de que projetos, como jogos, não podem prescindir de resultados e de que jogos também podem servir de meio para fins que os transcendem (como a explosão controlada das emoções, ou a assimilação de relações alegóricas e a construção de significados, na construção do conhecimento).

Quanto ao par simbólico/real, a permanente simbiose entre a literatura e a realidade, em que a mimetização parece recíproca, dependendo do momento e da perspectiva do expectador, bastaria para evidenciar os elementos de fantasia, de sonho, de ficção presentes nas metas dos mais objetivos ou racionais projetos vitais. De modo inteiramente análogo, na arte e na ciência alternam-se caprichosamente realidade e imaginação, brincadeira e seriedade, acaso e previsão, a concretude dos *factos* e a idealidade dos *fictos*. Nos terrenos demarcados pelos pares *fictos/factos*, arte/ciência, acaso/previsão, brincadeira/seriedade, o jogo e o projeto também parecem andar de mãos dadas.

E, finalmente, as diferenças entre os significados das regras nos jogos e nos projetos não podem elidir as similaridades existentes: a heteronomia global que predomina no caso dos jogos tem como espelho a autonomia local que caracteriza o exercício do projetar. De fato, a absoluta submissão às regras de determinado jogo não elimina a possibilidade de modificação das mesmas — certamente impossível no decurso de uma partida, mas sim por meio dos canais institucionais competentes; e a liberdade presente na construção de projetos pessoais não prescinde de uma regulação por normas, de um arcabouço legal ao qual o projetante tem de se submeter, se pretender efetivamente realizar a ação prefigurada. Se nos jogos as regras são tópicas, regulando sua existência e condicionando a excelência em sua realização, os projetos são regulados por macroprincípios, determinados pelo cenário de valores socialmente acordados, em sintonia e em busca de algum objetivo essencial, de algum sentido de transcendência. Assim, expressando o complexo e aberto diálogo pós-modernidade/modernidade, os pares heteronomia/autonomia, existência/essência, excelência/transcendência estão presentes, portanto, de modo indissociável em alguma dose tanto nos jogos como nos projetos.

Lino: Particularmente no caso do par autotelia/heterotelia, o fato de o jogo esgotar-se em si mesmo, não visando a qualquer objetivo externo, gostaria de alguns comentários seus sobre a utilização de jogos em sala de aula para alimentar projetos de ensino, ou seja, o uso de jogos para ensinar matemática, por exemplo. Faz sentido para você?

Nílson: Realmente esta é uma questão fundamental, e é importante que seja esclarecida. Como afirmamos anteriormente, não é possível associar o caráter autotélico exclusivamente aos jogos, e o heterotélico exclusivamente aos projetos; existe uma região esfumaçada entre o jogo e o projeto onde os meios e os fins interagem fortemente e têm seus horizontes até certo ponto fundidos. De fato, um projeto situa-se sempre em um fio de navalha, entre o processo e o produto, entre o objetivo e a trajetória, entre o objeto e o trajeto. De modo análogo, a prática da maior parte dos jogos exige ou conduz a certo tipo de condicionamento físico, como no caso dos esportes, ou ao desenvolvimento do raciocínio lógico, da capacidade de antecipação, de elaboração de estratégias, como é o caso do jogo de xadrez. Podem-se considerar tais ocorrências meros "efeitos colaterais", mas não acho estranho que se procure a prática de determinados jogos intencionalmente, buscando tais transbordamentos de significados, relativamente ao sentido geral do jogo, cujo centro de gravidade sempre irá se situar na diversão, na liberdade, na dimensão simbólica. Podemos, certamente, nos divertir em uma atividade prazerosa, essencialmente lúdica, mas que tenha também um objetivo que a transcende, assim como podemos jogar um jogo de modo absolutamente burocrático, sem criatividade, sem emoção. De modo geral, conhecer pode ser muito divertido em qualquer tema. A construção do conhecimento – ou seja, a construção do significado – sempre se dá por meio de uma narrativa, em geral de natureza fabulosa, já que envolve uma "moral da história". E muitas das histórias que contamos podem assemelhar-se a certos tipos de jogo, como ilustrou profusamente Lewis Carroll. Minha resposta é, portanto, assertiva: sim, faz sentido usar jogos para apresentar de modo instigante e divertido certos temas de matemática – ou de qualquer outro assunto. Se os efeitos colaterais de tais procedimentos forem uma aprendizagem significativa, uma incorporação tácita de comportamentos ou de competências, teremos um exemplo prático de unir o útil ao agradável.

Lino: Conheço três poemas interessantes sobre um jogo emblemático, como é o xadrez: o de Jorge Luis Borges, que é de 1948, e que você cita em seu texto; o de Fernando Pessoa, de 1916, que se encontra nas *Odes* de Ricardo Reis; e o *Rubaiyat*, de Omar Khayyan, escrito no século XII. No caso de Pessoa, a indiferença dos jogadores de xadrez relativamente a uma guerra real, projetada, absortos como estavam em sua guerra simbólica, parece uma crítica severa a um projeto de sociedade. Como você vê o paralelismo entre o jogo e a vida na perspectiva dos três poetas?

Nílson: O poema de Omar Khayyan é longo – são 295 quadras (*rubaiyat* significa quadra) na excelente tradução de Manuel Bandeira. Trata de toda uma concepção de vida, que exalta as virtudes do vinho e o gozo do momento presente, de uma filosofia que inclui uma teoria do conhecimento, ou da impossibilidade de se conhecer qualquer coisa. Apenas poucas das quadras fazem referência ao jogo de xadrez. Destacaremos algumas a seguir:

JOGO E PROJETO: PONTOS E CONTRAPONTOS

32
Vida, jogo monótono
Em que só se está certo
De ganhar duas coisas:
Uma, a dor; a outra, a morte.

103
Eis a única verdade:
Somos os peões no xadrez
Que Deus joga. Ele desloca-nos
Para diante, para trás,

Detém-nos, de novo impele-nos
Lança-nos um contra o outro...
Depois um a um nos mete
Todos na caixa do Nada.

63
Ah, não procures a felicidade!
A vida dura o tempo de um suspiro
Djemchid e Kai-Kobad hoje são poeira
A vida é um sonho; o mundo, uma miragem.

64
Não te mergulhes no passado
Nem no porvir. Teu pensamento
Não vá além do presente instante!
Este é o segredo da paz.

85
Amigo, não faças plano
Para amanhã. Sabes lá
Se poderás terminar
A frase que vais dizer?

77
Falam da estrada do Conhecimento
Uns dizem tê-la achado, outros procuram-na
Mas um dia uma voz há de exclamar-lhes:
"Não há estrada nenhuma, nem vereda!"

Como se vê, para Khayyan, a vida é sonho, a busca da consciência é vã, o conhecimento é impossível, planos não valem a pena, somente o momento presente existe, o passado desvaneceu, o futuro é uma ilusão e a única ação significativa é beber um bom vinho. Pode ser divertido, mas tal concepção de vida não me parece satisfazer o critério kantiano da boa norma, qual seja, a possibilidade da universalização. A filosofia de Khayyan não pode servir a qualquer intenção educacional; permanecerá sempre, a meu ver, um luxo de minorias.

O poema de Pessoa descreve uma guerra real, na Pérsia, em que as mulheres gritavam e eram violadas, as casas ardiam e eram saqueadas, o sangue das crianças corria pelas ruas enquanto dois persas jogavam xadrez tranqüilamente, desfrutando apenas do simbolismo de seu jogo. Registrarei apenas alguns dos versos:

Quando o rei de marfim está em perigo,
Que importa a carne e o osso
Das irmãs e das mães das crianças?
Quando a torre não cobre
A retirada da rainha branca,
O saque pouco importa.
E quando a mão confiada leva o xeque
Ao rei do adversário,
Pouco pesa na alma que lá longe
Estejam morrendo filhos.
[...]
O que levamos desta vida inútil
Tanto vale se é
A glória, a fama, o amor, a ciência, a vida
Como se fosse apenas
A memória de um jogo bem jogado
E uma partida ganha
A um jogador melhor
[...]
O jogo do xadrez
Prende a alma toda, mas, perdido, pouco
Pesa, pois não é nada.
[...]
Mesmo que o jogo seja apenas sonho
E não haja parceiro,
Imitemos os persas desta história

Trata-se, sem dúvida, de uma visão desencantada da vida, típica da obra e da personalidade de Fernando Pessoa. O nítido descolamento entre o jogo e a vida apenas serve de mote para o poeta desfilar sua fina ironia. E confirma plenamente o fato de que a filosofia de Pessoa é bem menos admirável de que sua rica produção poética.

Quanto ao poema de Borges, é magistral a forma como ele esfumaça a questão de saber se somos peças ou jogadores de um jogo de xadrez, se movemos as peças ou somos movidos por um ser superior: sempre restará a questão de saber quem move o movedor:

Deus move o jogador, que move a peça.
Que Deus atrás de Deus o ardil começa
de pó e tempo e sonho e de agonias?

A questão fundamental proposta é uma metainquirição: se ao vivermos com a ilusão de nossos projetos apenas nos limitamos a ser joguetes de um ser superior, senhor de todos os projetos, não seria esse Deus, por sua vez, com seus projetos, mero joguete de um outro e assim sucessivamente? Haveria alguma maneira mais sutil e eficaz de formular com nitidez a necessidade da metalinguagem para um discurso coerente sobre a verdade, ou a questão da transcendência na busca do significado da vida? Não creio.

PARTE III
Entre pontos e contrapontos

Lino de Macedo
Nílson José Machado
Valéria Amorim Arantes

Valéria: Caros Lino e Nílson, voltarei à questão da suposta (e polêmica) "indissociabilidade" entre vida, jogo e projeto. Chamou-me atenção a forma como o Lino nos sinalizou sobre o risco de assumirmos tais relações – entre vida, jogo e projeto – como ponto de partida, e não como ponto de chegada. Acho que seria muito interessante se vocês pudessem comentar um pouco mais sobre como e/ou quando o/a educador/a aproxima-se, no cotidiano escolar, desse "risco" e, ainda, como pode se beneficiar desse *continuum*, no processo de construção de conhecimentos.

Lino: Resumo, ao meu modo, as três partes da questão proposta. Primeira: por que jogo, vida e projeto não são indissociáveis, ao menos no ponto de partida? Segunda: como ou quando o educador corre o risco, no cotidiano escolar, de "confundir" vida, jogo e projeto? Terceira: como ele pode se beneficiar desse *continuum* no processo de construção de conhecimentos?

Gostei de ela ter voltado ao problema das relações entre vida, jogo e projeto, pois o vejo como algo central neste livro. Vou tentar nesta resposta insistir na vantagem de não reduzirmos estes três temas a um só. Consideremos em primeiro lugar que a vida não é privilégio dos seres humanos. As plantas e todos os outros animais têm vida. Podemos, por isso, dizer que jogam e projetam? Assumir que sim equivaleria, suponho, a reduzir tudo a uma questão de linguagem e ampliarmos perigosamente o significado da noção de consciência (fundamental à idéia de projeto e jogo, mas não à vida).

Jogar, ao menos na leitura que faço de Piaget, supõe assumir um contexto de faz-de-conta, de uma forma artificial de simulação em que as regras são restritas a ele. Jogar, para esse autor, é uma forma de assimilação deformante, isto é, uma incorporação em que o que se torna para o sujeito não necessita levar em conta na mesma proporção as características do objeto ou da coisa assimilada. Ora, se é certo que mesmo as plantas simulam (jogando com cores, formas, cheiros etc.), elas o fazem por uma razão não deformante, ditada pela necessidade de sua sobrevivência (e, por extensão, de sua espécie). Em outras palavras, podemos atribuir formas de simulação, regras de comunicação ou transmissão de informação a todos os seres vivos (e mesmo não-vivos), mas a questão é analisar sua função, isto é, a serviço do que eles as praticam. Se for por demandas do real (isto é, por necessidades de sobrevivência em um sistema complexo) então fica difícil dizer – nas perspectivas daqueles que realizam tais simulações – que se trata de um jogo. Para mim, o jogo terá sempre – mesmo que realizado por ações físicas e que produzem conseqüências no contexto em que ocorre – uma natureza simbólica ou imaginária, mas não real em seu sentido próprio. Somos nós que dizemos que as plantas, por exemplo, simulam para com isso evitar predadores. As plantas transformam-se para conservar a vida. A simulação é uma de suas estratégias, mas chamar isso de jogo é uma forma de reduzir o superior (o jogo) ao inferior (a sobrevivência), isto é, ao que é primordial ou fundamental a um sistema.

Projetar, como jogar, possui uma natureza simbólica, mas não real. Como afirma Boutinet, o projeto, como o conhecemos hoje, é uma forma recente de organizar e ordenar nossas vidas em suas diferentes dimensões. A idéia de projeto só faz sentido em uma sociedade em que seu presente é regulado por um futuro, que não busca nem pode repetir seu passado. Em uma sociedade tradicional, nesse sentido, um projeto não tem lugar. Nela, presente, passado e futuro são expressões de um mesmo *continuum*.

Fico tentado, para concluir esta primeira parte da questão (mesmo sabendo que apenas toquei em alguns pontos do assunto), a considerar a possibilidade de assumirmos que a vida é um projeto de Deus ou de Alguém como Ele. Neste caso, ao menos na perspectiva de minha resposta, ficamos com dois problemas: nossa análise é na perspectiva de uma leitura humana, ou seja, de nós mesmos; além disso, pode-se aceitar que Deus ou Seu Equivalente tem projetos para a vida, mas será que podemos dizer que Ele joga com ela?

Qual é o risco de no cotidiano escolar tratar vida, jogo e projeto como indissociáveis? Um dos riscos, penso, é confundirmos a perspectiva do professor com a dos alunos. O professor tem projetos para eles (ensiná-los a ler e a escrever, por exemplo). O professor pode organizar suas aulas em um contexto de projetos. Ele pode propor jogos como recurso didático. Mas os alunos jogam. Eles aprendem ou não. Eles participam das propostas de seus professores. Além disso, a vida escolar é apenas uma parte da vida de uma criança (além de aluno, ela é filho, colega e tantas outras coisas).

Vida, jogo e projeto podem se encontrar no labiríntico de nossa existência. Se considerarmos o projeto de nossa vida como um jogo, quem sabe podemos sofrer menos, sermos mais tolerantes e mais lúdicos nos sucessos e fracassos que sempre nos ocorrerão nas infinitas partidas e chegadas, algumas queridas, outras impostas, outras fruto de contingências que nunca poderíamos controlar. Na sociedade atual, nossas vidas tornaram-se um grande jogo em que o desafio agora é aprendermos a ser também um bom jogador, já que é inevitável nossa condição de peças de um tabuleiro, cujas dimensões são cada vez mais complexas e cujas regras são cada vez mais incompreensíveis. Em razão disso, várias combinações entre vida, jogo e projeto são possíveis. Um projeto de vida que é mais do que um simples jogo. Uma vida caracterizada por jogos sem projeto. Um jogo sem projeto de vida.

Em resumo, nossa proposta é que a interdependência entre vida, jogo e projeto é uma construção que vale a pena ser feita. Tal construção não é dada como ponto de partida e como ponto de chegada, é apenas uma das possibilidades de sua articulação. Favorecer isso, ou seja, nos beneficiarmos de jogos e projetos que têm valor de vida é, para nós, uma hipótese de valor muito positivo.

Nílson: A questão proposta pode ser decomposta em duas: a) existiria, como ponto de partida ou como ponto de chegada, uma indissociabilidade, um *continuum* entre as idéias de vida, de jogo e de projeto?; b) para o educador, tal *continuum* constituiria um risco ou uma oportunidade, no processo de construção do conhecimento?

Sem tergiversar, diria que a resposta à parte "a)" é sim, naturalmente esclarecendo que me refiro à vida em sentido humano, nas sociedades em que vivemos, sobretudo a partir da Revolução Francesa. Seria um desvio desnecessário, neste ponto, discutir a possibilidade de outros seres vivos, como plantas ou animais, projetarem ou jogarem. Há um livro muito interessante, incluído por Jorge

Jogo e projeto: pontos e contrapontos

Luis Borges em sua biblioteca pessoal, intitulado *A inteligência das flores,* onde se fantasia sobre os putativos projetos das plantas. Foi escrito em 1907, por Maurice Maeterlinck, que também escreveu sobre abelhas e formigas. Mas considero irrelevante para nosso tema tal discussão neste momento. Em sentido humano, no entanto, a indissociabilidade e o *continuum* entre a vida, o jogo e o projeto parecem-me patentes. E como não estamos construindo uma teoria explicativa de coisa alguma, mas apenas tecendo relações entre as três idéias, a questão da opção entre o ponto de partida e o de chegada parece-nos tão decisiva quanto o é a da precedência de um dos elementos do par ovo/galinha.

Comecemos pelas relações inextricáveis entre a vida e o jogo. Naturalmente, não nos referimos apenas à vida em sentido biológico, que partilhamos com os animais, mas à *vita activa,* no sentido da Hannah Arendt, que está indissoluvelmente ligada à palavra, à memória, à história, à política, à permanente busca da consciência. Tal consciência pressupõe uma contínua antecipação da ação intentada, de sua inserção em um cenário de valores, ou seja, um permanente projetar. Como já se afirmou anteriormente, quem não tem nenhum projeto, em nenhum âmbito em que atua, certamente não está mais vivo, em sentido humano, ou tem uma vida de escravo. Recordemos que, para Aristóteles, escravo é quem não tem projetos, tendo uma vida apenas em sentido animal, o *zoos* grego, não fazendo jus à *bíos,* e limitando-se a realizar o projeto dos outros, os políticos ou os cidadãos. Em sociedades estratificadas, divididas em classes hierarquicamente constituídas, como era a regra no Antigo Regime, não fazia sentido falar-se em projetos pessoais, a não ser para os governantes de plantão, aos quais cabia conduzir seu povo, ter projetos por ele; uma verdadeira anomalia quando a idéia de projeto é usada em sentido próprio. Como já destacamos anteriormente, um pai não pode ter projetos pelo filho, um professor não pode ter projetos pelos alunos, no mesmo sentido em que ninguém pode viver a vida pelo outro. Com a Revolução Francesa e documentos como a Declaração Universal dos Direitos do Homem e do Cidadão inicia-se a construção da idéia de cidadania em sentido moderno; então, idéias como as de igualdade, liberdade e fraternidade são semeadas no solo da emergente República, instalando-se definitivamente a noção de que os seres humanos nascem livres e iguais em dignidades e direitos. E a liberdade humana consiste na possibilidade de realizar nossos projetos, como bem registra o Nobel de Economia Amartya Sen, em seu fundamental livro *Desenvolvimento como liberdade*.

A consciência que se busca, no entanto, nunca é plenamente atingida, nunca poderá sê-lo. Por mais que prefiguremos, a realização das ações projetadas não é univocamente determinada, um projeto sempre envolve um risco. A pretensão da perfeita racionalidade, da previsão infalível, da absoluta precisão nos resultados não passa de um acesso de arrogância ou de uma quimera. A vida humana sempre envolve elementos imponderáveis, da previsão do tempo às oscilações da economia, dos caprichos do trânsito aos resultados de um projeto científico de pesquisa. A própria ciência cunhou o termo *serendipia*, para referir-se a resultados inesperados de pesquisas aparentemente controladas. E é praticamente certo que os resultados de qualquer produto tecnologicamente projetado extrapolam em muito o quadro de aplicações inicialmente prefigurado. Buscamos a consciência, o controle, a previsão, mas somente uma extrema ingenuidade pode considerar que os resultados de ação projetada estão completamente determinados. A partir de certo ponto, temos que nos resignar e torcer, tal qual numa partida de futebol. Temos que fazer a nossa parte, mas nem tudo depende de nós, e este é o indício mais eloqüente do não-determinismo, ou da dimensão aleatória da vida em sentido humano.

Sintetizando nosso ponto de vista, reiteramos que a vida humana é um permanente fazer com a palavra, uma ação projetada em busca da consciência, que reconhecemos ser sempre parcial, incompleta. Em decorrência, as ações humanas nunca são perfeitamente determinadas pelas intenções dos agentes, havendo um espaço esfumaçado onde convivem certezas e dúvidas, riscos e oportunidades, em outras palavras, a real possibilidade da criação, do aparecimento do novo. A sabedoria popular bem reconhece tal fato, ao registrar que "o inferno está cheio de bem-intencionados". Reduzir a vida à idéia de projeto representa uma pretensão de racionalidade e de consciência incompatíveis com as limitações da lógica e da própria ciência; reduzi-la ao mero jogo significa abdicar-se de assumir responsabilidades que são próprias do modo de ser do ser humano. Tanto no material genético que recebemos quanto no que fazemos com aquilo que biologicamente nos constitui existem elementos das idéias de jogo e de projeto. O sentido da vida é construído em cada indivíduo, em cada situação concreta, numa perfeita sinergia, numa solidariedade inextricável e inexplicável entre tais noções.

Quanto à parte "b)" da questão, dado que o *continuum* vida-jogo-projeto é nossa perspectiva, recorremos mais uma vez à sabedoria popular para responder que "o que não tem remédio, remediado está". Assim, ao professor resta explorar o espaço existente entre o projeto e o jogo, entre a razão e a emoção, entre os fins e os meios, entre a determinação e a liberdade, entre a oportunidade de criação e o risco do fracasso, estabelecendo juntamente com seus alunos metas motivadoras, que, por isso mesmo, não podem ser nem triviais nem impossíveis; seu sucesso em tal exploração é o maior indicador de sua competência.

Valéria: A expressão "jogos para ensinar", utilizada pelo Nílson, e o pressuposto trazido pelo Lino de que "na escola jogo é meio, e não fim" evocam a idéia de que os jogos são recursos metodológicos significativos para se atingir uma meta, um projeto pedagógico. Qual o limite dessa perspectiva para que o/a educador/a não olhe para o jogo simplesmente como uma *possibilidade de desenvolvimento*?

Lino: Qual é o valor do jogo como recurso de aprendizagem escolar? Ou seja, como aprender e ensinar por meio de jogos? Penso que estas questões são muito importantes, se queremos, de fato, construir uma escola para todos (Macedo, 2004). Crianças gostam de brincar e jogar. Nesses contextos elas aceitam enfrentar desafios, são perseverantes mesmo diante de insucessos ou derrotas, são disciplinadas e pacientes. Não é uma contradição uma escola pretender ser inclusiva e não considerar ao mesmo tempo o que faz sentido para crianças e jovens? O fato é que jogos e brincadeiras estão presentes nas escolas, mas excluídos das situações de ensino.

A escola tornou-se hoje um lugar gostoso de freqüentar. Ao contrário das casas (cada vez mais vazias e pequenas), das ruas e das praças (cada vez mais perigosas e apenas pontos de passagem), a escola é segura e animada, principalmente nos pátios e nos intervalos entre as aulas. Nela, crianças e jovens fazem amigos, brincam, zombam uns dos outros, conversam sobre futebol ou jogam bola, batem papos, arrumam namorados etc. Na escola serve-se comida, cuida-se da saúde dos alunos, toma-se remédio, organizam-se festas e comemorações. Durante as aulas também, quando os professores permitem ou não vêem, podem-se trocar bilhetinhos, conversar, fazer comentários, combinar coisas, pensar na vida. Vindo para a escola ou voltando para casa, as crianças podem – nas peruas, ônibus ou carros – jogar, brincar, cantar, dormir, folhear um livro de sua preferência e tantas coisas que lhes agradam fazer. Para os que podem freqüentá-los, só mesmo os shoppings competem com ela.

Os comentários acima se prestam a nos lembrar que onde há criança e jovem há jogo e brincadeira, com todas as suas derivações. Mas, quando consideramos o contexto da sala de aula e os compromissos de ensino e aprendizagem que o regulam, jogos e brincadeiras precisam ser justificados e nem sempre merecem crédito, sobretudo se utilizados com alunos de classes mais adiantadas. Lembrar que jogos podem servir para ensinar, como fez o Nílson, ou, como digo eu, que podem ser bons meios para certas aprendizagens de alunos e professores (em contextos de formação) significa resgatar ou incluir na sala de aula algo que, pelo menos desde Platão, já se sabia sobre o valor educacional dos jogos. Significa poder resgatar significados antigos da escola, como lugar do ócio, da discussão, da brincadeira, do debate. Significa recuperar o discípulo e não ficar restrito às disciplinas. Jogos e projetos podem nos ajudar nessa importante tarefa.

Nílson: Não me recordo de ter utilizado a expressão "jogos para ensinar". Apenas em resposta à questão formulada pelo Lino quanto ao caráter autotélico ou heterotélico dos jogos, ou seja, de a finalidade de um jogo esgotar-se em sua realização, ou incluir algo mais, alimentando projetos de ensino, registrei que fazia sentido "usar jogos para apresentar de modo instigante e divertido certos temas de matemática – ou de qualquer outro assunto". Afirmei ainda que "se os efeitos colaterais de tais procedimentos forem uma aprendizagem significativa, uma incorporação tácita de comportamentos ou de competências, teremos um exemplo prático de unir o útil ao agradável". Reconheço, no entanto, a relevância de tal questão, que envolve a análise das relações entre os meios e os fins, em qualquer realização humana.

De fato, toda simplificação em tal análise é extremamente perigosa: nada existe de mais deletério, por exemplo, do que a aceitação acrítica de *slogans* do tipo "os fins justificam os meios". Há uma relação indissociável entre meios e fins, sendo condicionados ambos os elementos de tal par por um quadro de valores cardeais, perenes e universais, ainda que situados culturalmente. Não existe fim, por exemplo, que justifique o recurso a meios que aviltem o ser humano ou que reduzam uma pessoa a um meio para a realização do projeto de outra; tal restrição constitui um dos dois imperativos categóricos que sustentam a ética kantiana. A indissociabilidade meios/fins não pode elidir, no entanto, dois fatos fundamentais: a prevalência dos fins em relação aos meios e a alternância de papéis entre os elementos tácitos e os explícitos em tal relação.

O primeiro caso sintetiza a grandeza e a miséria da metodologia. Se o método é apenas um meio, ou um caminho para atingir uma meta, somente faz sentido discutir-se a melhor metodologia em certo projeto quando as metas já estão suficientemente acordadas; quem busca uma meta inadequada ou indesejável, quanto mais se esmera na escolha do caminho, mais rapidamente fracassará. O segundo fato citado traz à luz a inevitável convivência entre as dimensões tácita e explícita em qualquer processo cognitivo. Nosso conhecimento sobre qualquer tema é como um *iceberg*, no qual a parte explícita representa o elemento intencional, que se expressa em palavras, enquanto a parte que subjaz inclui uma grande riqueza de elementos apreendidos tacitamente, mas que compõem com a percepção direta aquilo que efetivamente conhecemos.

No caso específico dos jogos, ainda que utilizados como meios em busca de finalidades de ensino, há que se considerar tanto a relevância dos fins que se perseguem quanto os inevitáveis efeitos colaterais incorporados tacitamente, que tanto podem ser desejados quanto indesejados. Podemos recorrer a jogos para exercitar a realização de tarefas que contribuem para a aprendizagem de temas específicos; juntamente com tais exercícios, serão incorporados também tanto o gosto pelo desafio, que pode disseminar-se positivamente entre outros temas, quanto certo elogio da competitividade, que, se ultrapassa certos limites, pode contaminar a própria idéia de competência. Buscar o justo equilíbrio entre tais elementos, destacando ora os fins que se perseguem, quando os meios se tornam demasiadamente exigentes, ora os meios lúdicos que são utilizados, quando os fins não parecem suficientemente atraentes, é uma tarefa que cabe ao discernimento do professor.

Valéria: Um aspecto relevante para o campo educacional diz respeito aos princípios que devem sustentar um projeto pedagógico, uma vez que os "males" da escola contemporânea parecem ter, em seu cerne, a questão dos valores. Na medida em que assumimos o projeto como antecipação de ações ou, como afirmou o Nílson, "prefiguração de uma ação a ser realizada lá adiante, no tempo", que princípios ou valores devem nortear a preparação ou formação dos estudantes para o futuro? Gostaria que vocês comentassem um pouco a tarefa de educar para um "tempo desconhecido".

Lino: Estes dois temas, de fato, são relevantes. Jogo e projeto são condutas de antecipação em que seus protagonistas são responsáveis pelas conseqüências de suas ações. Como tais condutas se expressam em contextos de jogo ou projeto?

Dois tipos de princípio estão sempre presentes no jogo e operam – ou deveriam fazê-lo – de um modo interdependente. Nele há de se jogar certo e bem, pois o ganhador é aquele que em uma dada partida cumpriu essas exigências melhor que o adversário. Jogar certo significa saber aceitar e cumprir objetivos e regras. Um jogo é pura arbitrariedade, pois, como expressão simbólica, pode se realizar de infinitos modos. Como mostrou Piaget, os jogos, mesmo nas crianças pequenas, pedem consciência e prática de regras que os organizam como um dado sistema lúdico. Tal consciência ou tal prática, mesmo que ainda não dominadas em sua totalidade, funcionam como uma moral ou código para a realização do jogo. Mas regras e objetivos não são suficientes para se ganhar um jogo. Há de se aprender a jogar bem, isto é, dominar procedimentos e atitudes que geram sucesso ou evitam erros. Assim, a questão – o que é bom fazer agora? – é respondida nos diferentes lances ou momentos de uma partida, arcando-se com suas conseqüências. Trata-se, pois, de considerar o que beneficia ou não uma decisão. Em resumo, moral e ética estão sempre presentes no jogo e se articulam como faces de uma mesma moeda.

Considerando-se o que noticiam imprensa e televisão, bem como o que podemos observar em práticas de jogos, pode-se argumentar que os comentários acima são puras abstrações ou uma visão ideal que nunca se cumpre. Afinal roubo, mentira, manipulação de resultados, ofensas de todos os tipos, rompimento de regras e contratos etc. são comuns e expressam na prática um distanciamento do que entendemos por moral e ética. É verdade, mas nossa análise se relaciona com o jogo, e não com os jogadores. Se esses praticam atos ilícitos e pouco benéficos a si mesmos ou aos outros, o jogo não pode ser condenado (como antiético ou imoral) por isso. Ao contrário, julgamos que, nesses casos, pode operar como um bom contraponto, pois serve de referência que possibilita observar e marcar toda sorte de afastamentos cometidos pelos que dele participam ou que fazem o que fazem em seu nome. Além disso, pode ser sempre um indicador da melhor direção a seguir se quisermos ser justos e disputar em condições iguais e fraternas.

Quanto ao projeto, é importante lembrar suas funções na sociedade de hoje. Penso que é muito difícil construirmos algo que julgamos significativo fora de um contexto de projeto. O que queremos realizar ou aprender? Como planejar e zelar pelas condições que favorecem tais aquisições? Como se organizar no espaço e no tempo? Como definir metas, prazos, ajustar e coordenar os diferentes aspectos que compõem as condições para uma dada realização? Ao que renunciar? Como definir prioridades? Que aspectos, pessoas ou coisas cooperam com ou perturbam o que pretendemos fazer?

Jogo e projeto pedem, pois, condutas de regulação. O que não podemos esquecer? O que deve ser mantido ou corrigido? O que antecipar ou pré-corrigir? Neles, certos controles são necessários, mas nunca determinantes, pois o que valem são ações e atitudes que se sabem parte de um sistema maior, a ser permanentemente considerado nas suas múltiplas possibilidades de expressão. Como diferenciar e integrar todos esses aspectos? O que é antecipável e o

que não é antecipável deste "futuro desconhecido", mas tão almejado (realizar um projeto ou um jogo)?
Jogo e projeto pedem ações responsáveis e autônomas. Ninguém pode jogar por nós. Ninguém pode nos substituir na parte que nos cabe em um projeto. Isso até pode ocorrer, mas indica desvios ou erros a serem corrigidos. Jogo e projeto pedem, pois, condutas e atitudes inteligentes, isto é, em que é necessário fazer escolhas e coordenar perspectivas. Escolhas e coordenações pequenas e grandes, relacionadas a cada parte ou momento e simultaneamente ao conjunto ou ao todo (no espaço e no tempo de suas expressões) que se quer realizar, de preferência de forma bem-sucedida.

Nílson: O fim da educação é a construção da ação consciente: ação que transforma, ação que conserva, mas sempre ação projetada. E a idéia de projeto, que traduz a busca da consciência na ação, é inseparável da idéia de valor, constituindo com ela um par complementar. De fato, um projeto pressupõe a escolha de metas, que são situadas em um cenário de valores. E um fato inexorável é a existência de metas que valem a pena e metas que não valem a pena; de metas que valem mais e de outras que valem menos; de metas que devem ser cultivadas e de metas que devem ser combatidas. Trata-se, sem dúvida, de um terreno delicado, mas é próprio da educação, e talvez toda a sabedoria do mundo possa ser resumida na competência/prudência em distinguir os valores que devem ser cultivados e os que devem ser combatidos, na arquitetura dos projetos pessoais e coletivos.

Relacionar um quadro de valores para balizar todos os projetos é, portanto, um grande desafio. Ainda que alguns valores pareçam indiscutíveis, outros são passíveis de mal-entendidos, e construir uma lista completa será sempre uma tarefa de Sísifo, permanentemente inacabada. Como mero exercício de mapeamento, proporemos quatro de tais valores cardeais.

O par cidadania/pessoalidade constitui um eixo de valores fundamentais para orientar a educação, em todos os níveis. Entendida como uma articulação competente entre o interesse pessoal e o interesse coletivo, a cidadania está associada a normas, a direitos, a deveres, sendo o espaço para o exercício da igualdade, uma vez que todos são iguais perante as leis. Já a pessoalidade constrói-se por meio da representação de papéis, em múltiplos âmbitos, que certamente extrapolam o exercício da cidadania, como é o caso da religiosidade ou da estética. Cada pessoa é caracterizada pelo feixe de papéis que representa, nos mais diversos âmbitos. Somos todos diferentes como pessoas, e o que permite que vivenciemos tais diferenças é justamente o fato de que também representamos papéis como cidadãos: a pessoalidade, portanto, tem na cidadania seu núcleo duro, que possibilita ação comunicativa.

O par integridade/tolerância é outro eixo de valores fundamentais aparentemente indiscutíveis. Três níveis de exigência caracterizam uma pessoa íntegra. Em primeiro lugar, há a pressuposição da existência de um discernimento entre o certo e o errado: não existe integridade sem um quadro de valores norteadores. Em segundo lugar, tal quadro deve operar efetivamente, correspondendo à realidade dos fatos: não existe integridade sem uma sintonia fina entre o discurso e as ações concretas. Em terceiro lugar, o quadro de valores de uma pessoa íntegra deve permanecer aberto, pois que pode ser convencida, por meio de uma argumentação racional, a rever seus pontos de vista: sem a possibilidade efetiva de um convencimento que venha a reconfigurar os valores, não existe integridade. A tolerância, por outro lado, representa o valor maior, condição primordial para a existência da democracia em sentido moderno. O respeito pela diversidade de projetos, pessoais e coletivos, a valorização da convivência com o outro, o reconhecimento sincero da diferença como uma irredutível riqueza de perspectivas são ingredientes da idéia de tolerância. Naturalmente, a tolerância tem limites, e o intolerável é constituído, essencialmente, pelos elementos que possam vir a destruir a integridade pessoal.

Outros eixos norteadores poderiam ser apontados; os dois mencionados constituem apenas indícios de dois dos terrenos em que grande parte dos conflitos políticos e educacionais é deflagrada no mundo inteiro: o que se refere aos pares identidade/diferença e tolerável/intolerável. A busca do justo equilíbrio em tais terrenos constitui em si mesmo um valor primordial, a orientar projetos de qualquer natureza.

Valéria: Freqüentemente deparamos com expressões que colocam os jovens de hoje como aqueles que "não têm projetos de vida", que "são imediatistas", que "querem viver o aqui e o agora" etc. Faltariam aos nossos jovens ilusões, ou projetos, para viver?

Lino: A sociedade atual (Bauman, 1995/1999) pode ser caracterizada como tecnológica, do conhecimento e da informação, globalizada ou de consumo. Cada um desses aspectos e todos eles ao mesmo tempo lembram o desafio que significa considerá-los em sua complexidade. Nunca tivemos tantas possibilidades de interação e inclusão; nunca nos sentimos tão excluídos e isolados. Nunca pudemos estar tão próximos no espaço e no tempo; nunca estivemos tão longe e distantes. Sempre fomos consumistas, mas nunca fomos tão seduzidos e dominados pelo jogo de seus interesses e promessas. Nunca tivemos tantas possibilidades de conhecimento e disponibilidades de informação ou tecnologia; nunca nos sentimos tão ignorantes, incompletos e vazios. Nunca fizemos tantos projetos e organizamos nossas vidas de modo tão planejado e responsável; nunca nos sentimos tão entregues às contingências de interesses, circunstâncias e coisas das quais dependemos, mas que pouco podemos regular. Nunca nos sentimos tão cheios de compromissos e incapazes de cumprir com obrigações e deveres que só fazem aumentar; nunca nos sentimos tão vazios, deprimidos e incapazes.

O quadro acima, talvez exagerado nos contrastes propostos, se aplica sobretudo aos jovens, aos velhos, aos aposentados, aos doentes, aos pobres e todos os outros excluídos do sistema dominante em nossa sociedade. Os jovens, em particular, sofrem muito, pois após uma vida cheia de estudos e ilusões sobrevém um tempo sem emprego ou de apenas subemprego, salário baixo, excesso de responsabilidades, comparações, competições e expectativas. Apegarem-se ao imediato, abandonarem projetos, desiludirem-se talvez seja o que lhes ocorra com mais "facilidade". É uma pena. Como resgatar sua força de vida? Como lhes devolver o respeito, a dignidade e a esperança? Como nos dar, por meio deles, a chance de uma vida melhor e mais digna?

Nílson: É muito fácil concordar com afirmações do tipo "os jovens não têm projetos" ou "são imediatistas, querem viver o aqui e o agora", mas elas constituem uma armadilha. De fato, é possível falar de projetos em muitos níveis distintos: projetos de trabalho em sala de aula, projetos pessoais, projetos pedagógicos, projetos institucionais, projetos coletivos, projetos educacionais, projetos nacionais etc. Assim como se diz que os jovens não têm projetos, também se diz que o país não tem projeto, ou que o mundo está desorientado, em razão da inexistência de projetos mobilizadores que valham a pena. É preciso reconhecer, no entanto, que existe uma enorme inter-relação entre os diversos níveis dos projetos, que se interpenetram como se constituíssem fractais. A falência dos grandes projetos coletivos encontra-se diretamente relacionada com a carência de projetos pessoais. A perda de sentido das metas maiores mina os objetivos particulares. Por outro lado, os projetos coletivos não se constituem magicamente, formulados por entidades suprahumanas, mas são construídos por meio do trabalho persistente de pessoas que sonham, que apostam, que têm ilusões. Assim, não nos parece justo reclamar da ausência ou do esvaziamento dos projetos pessoais sem uma análise concomitante da grande crise mundial, no que se refere à ausência de projetos mobilizadores, ou de valores acordados que os sustentem. Somos todos responsáveis em alguma medida. O mundo e a sociedade não existem abstratamente: nós os constituímos. Somos nós de uma imensa teia de relações, que reconfiguramos com nossas ações pessoais, quando cultivamos valores nas situações mais prosaicas. O desânimo, a desilusão, o desencantamento são luxos de minorias. É fundamental manter o *élan*, alimentar as ilusões, sonhar junto com os outros. Viver é acreditar no amanhã, é projetar o amanhã. Semear a desilusão deveria ser considerado um crime hediondo, inafiançável.

leia também

INCLUSÃO ESCOLAR
PONTOS E CONTRAPONTOS
Valéria Amorim Arantes (org.)
Maria Teresa Eglér Mantoan
Rosângela Gavioli Prieto

Neste livro, Maria Teresa Eglér Mantoan e Rosângela Gavioli Prieto adentram os labirintos da inclusão escolar analisando, com muito rigor científico e competência, suas diferentes facetas. No diálogo que estabelecem, abordam pontos polêmicos e controvertidos, que vão desde as inovações propostas por políticas educacionais e práticas escolares que envolvem o ensino regular e especial até as relações entre inclusão e integração escolar. Para além de um respeitável debate acadêmico, os conceitos, idéias e valores contidos nesta obra são um verdadeiro convite à uma reflexão sobre nossas crenças e práticas, que muitas vezes acabam por nos distanciar de uma escola e de uma sociedade inclusivas. Entre pontos e contrapontos, as autoras transitam por caminhos insólitos e apresentam elementos profícuos para a construção de novos conhecimentos e de práticas educativas com vistas à plena inclusão escolar.

REF. 10733   ISBN 85-323-0733-7

IMPRESSO NA
sumago gráfica editorial ltda
rua itauna, 789   vila maria
02111-031   são paulo   sp
telefax 11 **6955 5636**
sumago@terra.com.br

------ dobre aqui ------

CARTA RESPOSTA
NÃO É NECESSÁRIO SELAR

O SELO SERÁ PAGO POR

AC AVENIDA DUQUE DE CAXIAS
01214-999 São Paulo/SP

------ dobre aqui ------

JOGO E PROJETO: PONTOS E CONTRAPONTOS

------- recorte aqui -------

CADASTRO PARA MALA-DIRETA

Recorte ou reproduza esta ficha de cadastro, envie completamente preenchida por correio ou fax, e receba informações atualizadas sobre nossos livros.

Nome: _____ Empresa: _____
Endereço: ☐ Res. ☐ Coml. _____ Bairro: _____
CEP: _____-____ Cidade: _____ Estado: _____ Tel.:(___) _____
Fax:(___) _____ E-mail: _____
Profissão: _____ Professor? ☐ Sim ☐ Não Disciplina: _____ Data de nascimento: _____

1. Você compra livros:
☐ Livrarias ☐ Feiras
☐ Telefone ☐ Correios
☐ Internet ☐ Outros. Especificar: _____

2. Onde você comprou este livro? _____

3. Você busca informações para adquirir livros:
☐ Jornais ☐ Amigos
☐ Revistas ☐ Internet
☐ Professores ☐ Outros. Especificar: _____

4. Áreas de interesse:
☐ Educação ☐ Administração, RH
☐ Psicologia ☐ Comunicação
☐ Corpo, Movimento, Saúde ☐ Literatura, Poesia, Ensaios
☐ Comportamento ☐ Viagens, Hobby, Lazer
☐ PNL (Programação Neurolingüística)

5. Nestas áreas, alguma sugestão para novos títulos? _____

6. Gostaria de receber o catálogo da editora? ☐ Sim ☐ Não
7. Gostaria de receber o Informativo Summus? ☐ Sim ☐ Não

Indique um amigo que gostaria de receber a nossa mala-direta

Nome: _____ Empresa: _____
Endereço: ☐ Res. ☐ Coml. _____ Bairro: _____
CEP: _____-____ Cidade: _____ Estado: _____ Tel.:(___) _____
Fax:(___) _____ E-mail: _____
Profissão: _____ Professor? ☐ Sim ☐ Não Disciplina: _____ Data de nascimento: _____

Summus Editorial
Rua Itapicuru, 613 7º andar 05006-000 São Paulo - SP Brasil Tel. (11) 3872-3322 Fax (11) 3872-7476
Internet: http://www.editoraagora.com.br   e-mail: agora@editoraagora.com.br

cole aqui